はじめての認知科学

日本認知科学会 〖監修〗 「認知科学のススメ」シリーズ

1

Invitation to Cognitive Science

内村直之・植田一博・今井むつみ・川合伸幸・嶋田総太郎・橋田浩一 著

新曜社

「認知科学のススメ」シリーズの刊行にあたって

　人間や動物は，どのように外界の情報を処理し，適切に反応しているのでしょうか？　認知科学は，このような関心から，動物も含めた人間の知能や，人工知能システムなどの知的システムの性質や処理メカニズムを理解しようとする学問です。人間や動物のさまざまな現象にかかわるため，認知科学は，心理学，進化学，情報科学（とくに人工知能），ロボティクス，言語学，文化人類学，神経科学・脳科学，身体運動科学，哲学などの幅広い分野の研究者が集まって作られました。そのため認知科学は，これらの諸分野を横断する学際的な学問分野となっています。

　認知科学はこのように幅広い領域にわたるため，数学，物理，歴史などの伝統的な分野と比べて，体系化することは容易ではありません。そのためもあってか，私たち自身について知るための基本的な学問であるにもかかわらず，これまで中学校や高校の教育の中で教えられることはありませんでした。しかし学問の存在を知らなければ，その道へ進もうと志す人もなかなか現れません。このことは，社会にとって残念なことです。

　そこで，これから大学で本格的に学問に取り組む若い方々やこの分野に関心をもつ一般の社会人の方々に，この分野でどのようなことが研究されており，どのような面白い成果が得られているのかを知っていただくために，日本認知科学会は「認知科学のススメ」シリーズを刊行することにいたしました。

　国内のほとんどの学術書は，研究者自身がテーマに沿って研究を紹介するという執筆形式をとっています。一部の書籍，とくにアメリカの書籍では，研究者の代わりにサイエンスライターが執筆しているも

のもありますが，まだ数は少ないと言えます．本シリーズでは，研究者とサイエンスライターが協同して書くという，これまでにない執筆スタイルをとっていることが，大きな特徴の1つです．全10巻の刊行が予定されており，いずれの巻においても，サイエンスライターは高度な内容を誤りなく，かつわかりやすく読者に伝えるよう，ファシリテート (facilitate) する役目を担っています．そこで本シリーズでは，サイエンスライターを「ファシリテータ」と呼んでいます．全巻にわたるこの役を，書籍のみならず，新聞や雑誌等で科学に関する記事をこれまで多く執筆されてきた内村直之氏に，お引き受けいただきました．

本シリーズは，別掲のシリーズ構成をご覧いただくとおわかりのように，内容のうえでも，新しい執筆スタイルに負けない斬新で興味深いタイトルを揃えていると自負しています．これらの本を手に取った高校生や大学生のみなさんの中から，認知科学という学問分野を目指す方が現れることを期待してやみません．それと同時に，これまで認知科学という学問分野に馴染みのなかった多くの社会人の方が，認知科学に興味をもってくださることを切に願っています．

2015年9月10日

編集委員
植田一博
今井むつみ
川合伸幸
嶋田総太郎
橋田浩一

全10巻シリーズ構成

既刊

第1巻 『**はじめての認知科学**』
　　　内村直之・植田一博・今井むつみ
　　　川合伸幸・嶋田総太郎・橋田浩一（著）

第2巻 『**コワイの認知科学**』
　　　川合伸幸（著）・内村直之（ファシリテータ）

第4巻 『**ことばの育ちの認知科学**』
　　　針生悦子（著）・内村直之（ファシリテータ）

第5巻 『**表現する認知科学**』
　　　渡邊淳司（著）・内村直之（ファシリテータ）

第6巻 『**感じる認知科学**』
　　　横澤一彦（著）・内村直之（ファシリテータ）

第8巻 『**インタラクションの認知科学**』
　　　今井倫太（著）・内村直之（ファシリテータ）

第9巻 『**オノマトペの認知科学**』
　　　秋田喜美（著）・内村直之（ファシリテータ）

第10巻 『**選択と誘導の認知科学**』
　　　山田 歩（著）・内村直之（ファシリテータ）

刊行予定

第3巻 『**サービスとビッグデータの認知科学**』（仮題）
　　　橋田浩一（著）・内村直之（ファシリテータ）

第7巻 『**おもてなしの認知科学**』（仮題）
　　　熊田孝恒・互 恵子（著）・内村直之（ファシリテータ）

まえがき

　ヒトのこころとは何でしょうか。
こころ，精神，胸の内，英語で言えばマインド（mind），ハート（heart），スピリット（spirit）……いろいろないい方があります。自分のことを振り返ってみても，こころというのはとても気になるのになかなか捕まえにくい存在です。
　自分で自分のこころのことを考えてみましょう，感じてみましょう。
　テレビドラマを見て感動したり，明日のデートの計画を立てたり，幼いころを思い出したり，数学の問題を一所懸命考えて解き方がわかって興奮したり……。
　こころの中身は次々に移り変わります。そこから，こころがいろいろな働きを持っていることに気がつきます。
　ちょっとまわりを見渡してみましょう。
　考えているこころを持っているのは，自分だけではなさそうですね。
　私があなたに話しかけます。私のこころの中にある思いを語ります。あなたはそれを聞き，私のこころの中身を思いやりながら，あるときは「そうだね」と言いながらうなずき，またあるときは「ちがうよ，それ」と首を横にふります。私のこころのはたらきは，あなたのこころのはたらきに何かを与えたようです。
　でも，あなたのこころの中を私は見ることはできません。「こう思っているのかな」と考えることはできても見ることはできないのです。私のこころの中だって，私自身でさえはっきりこうだとわかるわけではありません。
　こころの働きとは何でしょうか？　人間のこころの働きは，だれで

も同じなのでしょうか？　それとも，みんな顔が少しずつ違うように，こころの働きにも違いがあるのでしょうか。こころの働きをだれでもわかるように，わかりやすく説明することはできないでしょうか。

　それが，こころの科学，認知科学のめざすところです。

　この本は，日本認知科学会出版委員会の認知科学者5人，今井むつみ（慶應義塾大学），植田一博（東京大学），川合伸幸（名古屋大学），嶋田総太郎（明治大学），橋田浩一（東京大学）と私，科学ジャーナリストである内村直之を合わせた6人が議論や対談を重ねて作り上げたものです。

目　次

まえがき v

 序章 ヒトはどんなふうにものを考えるか？ 1

パズルで試す「ヒトの考え方」 1
　直感と論理の差がある 2
　確率的なものをどう捉えるか？ 5
　常識的ってなんだろう？ 10
　序章の読書案内 12

 1章 出発点　こころを問うひとびと 13

こころの研究を「科学」にする 14
条件反射から行動主義心理学へ 15
こころの中の「認知地図」 16
こころの中にあるもの 18
表象という「なにか」 19
情報科学がもたらしたもの 22
　Box　アラン・チューリング 25／ジョン・フォン・ノイマン 26
　　　　ノーバート・ウィーナー 27／クロード・シャノン 28
　Column　こころを持った機械への夢とチューリング・テスト 29
双子の学問の誕生 33
情報科学からこころを追うと……定理証明プログラム 35
モデルという理解の仕方 37
問題を解く「こころ」とコンピュータ・プログラム 39
境界を越えて 44

Column　日本に認知科学がやってきたとき　44

　1章の読書案内　47

　こころをわかるために
　　　　　——記号，表象，計算，意味，理解　49

こころの働きを情報処理になぞらえる　50
　　大きな枠組で理解する　52
　　情動を伝える2つのルート　53
形式的に扱う＝計算論的扱い　56
計算主義・記号主義とレイヤー　58
ことばのないネコ，知性と言語　62
ヒトのこころとことば　64
　　文を作る能力は生得的か？　64
　　ヒトに固有な言語活動　65
ことばを獲得するとき　66
ことばの意味がわかる，とは　69
記号接地問題　71
使いやすいヒューリスティックな思考　73
　　Column　もう1つの計算主義　ニューラルネットワーク　77

　2章の読書案内　81

3章　こころと身体と言語　83

表情も身体だ　83
身体を動かしたほうがクリエイティブ　84
身体とミラーニューロン　85
　　Box　「共感」と「心の理論」——他者に共鳴する能力　89
　　Column　神経科学のあゆみ　91

問題解決に役立つ心内シミュレーション　94
記号だけに頼れない？　96
身体とアフォーダンス　98
身体と触れ合う世界　100
ことばを持つ「意味」とヒトの能力　102
　Column　身体を持ったロボットは知性を持つのか　104
　3章の読書案内　106

4章　動物らしさ vs. ヒトらしさ　108

あなどれない動物の認知システム　108
　イルカの「音」の世界　109
　オオカミからイヌへ　110
　キツネの家畜化からわかるもの　112
動物とヒトはどう違うのか　113
　数字の短期記憶実験　114
　推移的推論はできるか　115
　対称性についての奇妙な結果　115
ヒトの認知システムの基本を探る　117
推論の基本　119
ヒトの知性をがっちり支える道具＝アブダクション　121
発達とは学び続けること　124
　Column　脳をのぞく――画像撮影装置の発展　125
　4章の読書案内　127

間奏曲　認知科学対話　128

I
根っこから外れる節操の無さ　128

役に立つか　129
人とモノの間で　130
II
がんばれ東ロボくん！　131
会話プログラムと川柳　132
文脈と忘却　133
III
どんな状況にも対応できるヒトのこころ　134
ボトムからもトップからも考えるヒト　135
情動を超えて　136
生き残る仕事はなにか見極めるために　137

5章　認知科学のここまで，そしてこれから　139

認知科学は何をやってきたのか　139
1995年から2012年の日本の認知科学　142
認知科学は社会とつながる　147
　情報社会を認知科学すると　147
これからの問題は　152
　Column　認知科学を学ぶには　154

あとがき　156
文献一覧　158
索引　159

装幀＝荒川伸生
イラスト＝大橋慶子

序章　ヒトはどんなふうにものを考えるか？

ヒトはどんなふうにものを考えるか？

　認知科学の案内役をしてもらう2人を紹介しましょう。
　ミトメ先生は，認知科学を研究する大学の若手研究者です。広くヒトのこころがどのように働くのかに興味を持って，日々の研究を進めています。仲間の研究者から，学生，さらにふつうの人たちまで，いろいろな人とおしゃべりするのが大好きです。
　マナブさんはミトメ先生の高校時代の同級生。会社に勤めていますが，何にでも好奇心を働かせる知りたがりやです。ミトメ先生の研究室に来ては，いろいろな話をしたり質問したり……。なにかわかったときのマナブさんはとてもうれしそうに見えます。

ミトメ先生　「人間は考える葦」というのは哲学者パスカルのことばだけど，確かにヒトはものを考える存在だなあ。
マナブさん　ヒトがどのようにものを考えるのかという疑問は，ギリシャ時代の哲学者から問われてきたようだ。
ミトメ先生　これから紹介する認知科学は，考えることを考える，わかるとはいったいどんなことかわかりたいという，とてもおおきな問題を解こうとする学問分野だという。そういってもよくわからないね。では，実際になにかについて考えてみることから始めよう。

パズルで試す「ヒトの考え方」

　わたしたちは，いろいろなことを考えます。その様子をじっと外か

ら見るように観察すると「ヒトがどのようにものを考えるか」ということについて，いろいろ自分自身で試してみることができます。ここではそのいとぐちとしていくつかの「パズル」を自分でやってみながら，どのようにものを考えているのか，調べてみましょう。「自分は合理的に考えている」と思っていると意外にそうでないところも見えてきます。ヒトのこころには思ってみなかった特徴がありそうです。

直感と論理の差がある

問題を出します。答えてみてください。制限時間は1分です。

● 4枚カード問題 ●

表の面に英字が書かれ，その裏の面には数字が書かれた4枚のカードが下のように机の上に並んでいる。カードは片面しか見えず，もう一方の面はカードを裏返さないと見えない。

「カードの表にある英字が母音（AIUEO）だったら，裏面の数字はかならず偶数である」という法則が，この4枚のカードで成り立っていることを示すためには，どのカードを裏返して確かめたらいいだろうか。

どうでしょうか？

「Aのカードだけかな？」（母音の裏は偶数，と確かめなくては）

「Aのカードと4のカード」（母音の裏は偶数かな，偶数の裏は母音かな？）

とすぐに答えた人，どちらも不正解です。

では，4枚のカードそれぞれについて，順序立てて考えてみましょう。

①「A」は母音ですから，その裏の数字は偶数のはずですが，もし

裏返して奇数が出てきたら、「法則」は成り立っていないことになります。だから、これは裏返して裏の数字の奇偶を確かめないといけないカードです。

　②「K」のカードは子音ですから、その裏の数字については何も法則は決まっていません。どんな数字が書いてあってもいいわけですから、裏返して確かめる必要はありません。

　③「4」のカードは偶数です。母音の裏は偶数と決まっていますが、子音の裏は偶数でも奇数でもいいわけです。偶数の表は、母音でも子音でもいいことになりますね。だから裏返して確かめる必要はありません。

　④「7」のカードは奇数です。「母音の裏は偶数」なのですから「奇数の表」は母音であることはなく、子音でないといけません。もし、このカードをめくって母音が出てきたら「法則」は成り立っていないことになる。だから、これは裏返して面に書いてあるのが母音か子音か確かめないといけません。

　ということで正解は「Aのカードと7のカード」でした。たどり着けたでしょうか？　即答して間違えた人、がっかりしなくていいですよ。この問題の正解率は、一般に1割程度だといわれています。即座に「Aのカードと4のカード」と答える人がとても多いのです。この傾向にはヒトのこころの特徴が現れているといいます。

　この問題は、ピーター・ウェイソンという心理学者が1968年に発表したパズルで、「4枚カード問題」と呼ばれています。実はこの問題は、「ヒトがどういうふうにものを考えるか」ということを、深く考えさせるきっかけを与え、発表の後もたくさんの研究があるというスグレモノなのです。

　では、次のこの問題はどうでしょう？

● お酒と年齢問題 ●

　「お酒を飲むのは20歳以上の人に限られる」というルールがあ

る。

あるお店に入ったら，4人の人がいろいろなものを飲んでいるのを見かけた。この4人が上のお酒を飲むルールを守っているかどうかは，どの人を調べればわかるだろうか。4人は次のような人だった。

・ビールを飲んでいる人
・ジュースを飲んでいる人
・おじいさんで何か飲んでいる人
・高校生の制服で何か飲んでいる人

簡単ですね。ビールを飲んでいる人の年齢，高校生の制服の人が飲んでいるものを調べればいいと即時にわかります。ジュースを飲んでいる人は，なんの問題もないし，おじいさんは何を飲んでもいいでしょう。ほとんどの人が簡単に正解にたどり着いたことでしょう。

ちょっと立ち止まって考えてみましょう。先ほどの「4枚カード問題」とこの「お酒と年齢問題」は，表現こそ違うものの，同じ構造をした問題だということには気がついたでしょうか？ 飲んでいるもの→英字，年齢→数字という対応をつければと同じ構造だとすぐわかりますね。では，どうして先ほどの4枚カード問題は正解率が低いのに，お酒と年齢問題はだれでもすぐ正解できるのでしょうか。同じ構造の2つの問題への答えの出し方の違いをよく考えると，ヒトのこころには「論理による推論」とは違う結論の出し方がありそうだと思い当たります[1]。

どうやら人間のこころは理屈でモノを決めていくということばかりではないようです。こころは論理以外にはどのような働き方をするのか，そうした働き方を持っているのはなぜなのか，ということは，心の科学である認知科学の基本的疑問です。そんな疑問について調べていくと，そこにはいろいろなアプローチの方法があり，思いもかけな

かった不思議な結論にたどりつくこともあります。上の2つの問題を
やってみると，そんな心の働きの特徴をうっすら感じたのではないで
しょうか。

　人間の心というのはちょっとやそっとではわからない複雑なもので
す。それを解きほぐしていこうというのが，認知科学なのです。

確率的なものをどう捉えるか？

　もう1つ，ヒトのこころの特徴的な働きを紹介しましょう。それは
確率的な，つまり不確実な現象に出会ったときのヒトの対応です。そ
ういうとき，ヒトは直感で答えてしまいがちですが，それは数学的に
正確な確率的議論の結果からするとずれた結果になる場合が多いので
す。どんなふうにずれるでしょうか。次の問題を考えながら実感して
みてください。

● 3つの扉の問題 ●

　3つの扉A, B, Cのどれか1つに賞品が隠されている。まず
挑戦者は扉を1つ選ぶ。答えを知っているホストは残りの挑戦者
が選ばなかった扉のうちハズレである扉の1つを開けた後，挑戦
者に扉を選び直す機会を与える。さいしょに選んだ扉そのままで
もいいし，もう1つの方に変えてもいい。さて，挑戦者は賞品を
獲得するために，そのままにすべきだろうか，それとも扉を変更

---

[1] その「違う考え方」についてはいろいろな研究や議論があります。しかし，
その説明を詳細にするとそれは認知科学全体の説明になってしまいます。簡
単にいうと，(1) 仮説を支持する証拠だけ探す傾向がある。(2) 肯定形を好
む傾向がある。(3) 記憶にある手がかりを使っている。(4) たとえば社会で
常識的にまかり通っている「筋の通し方」のような，抽象的知識と経験的知
識の中間的な推論法則を持っている。(5) 社会的な裏切り者を検知する能力
がある……などの「こころの特徴」があるということです。(さらに知りた
い人は市川伸一編『認知心理学4　思考』(東京大学出版会，1996年) の第
1章を参照してください)。

したほうがいいだろうか？　もちろん，挑戦者は確率の高い扉を選ぶべきだ。

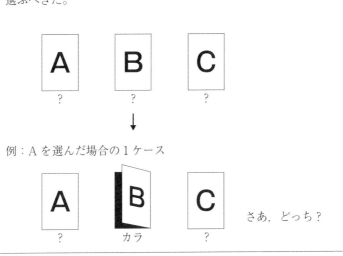

　この問題を聞いて，すぐにこう考えた人はいませんか？「残った扉2つのどちらかに，賞品がある。その確率はどちらを選んでも $\frac{1}{2}$ だ。選択を変更してもしなくてもその確率は変わらないだろう。だから，変えてもいいし，変えなくてもいいはずだ」

　実はそうではないのです。正解を先にいってしまうと，選択を変更すると当たる確率は $\frac{2}{3}$ になります。変更しないと当たる確率は $\frac{1}{3}$ と低いのです。つまり，変更するだけで，当たる確率は2倍になるというのは，ちょっと驚きですね。これは，短時間で考えて得た直感的結果「どちらを選んでも当たる確率は $\frac{1}{2}$ 」とはずいぶん違います。

　どうしてそうなるのでしょうか。確率の考えでくわしく考えてみましょう。

　まず挑戦者はAの扉を選んだとしましょう（BでもCでも同じ結論になります）。

　すると，賞品のある扉とホストが開ける扉で分けて考えると，起こ

りえる状況は次の4つのどれかになるでしょう。それぞれの起こる確率を考えます。

Aが正解とすると、ホストはBかCかのどちらかを開けることになります。BあるいはCが正解だと、ホストはそれぞれの場合に対してCあるいはBしか開けられないわけです。もともと賞品がある確率がA、B、Cそれぞれで$\frac{1}{3}$だということを考えると、Aが正解の場合は、それにホストがB、Cどちらを開けるかという確率(どちらも$\frac{1}{2}$)を掛け算して$\frac{1}{6}$ずつ(①、②の場合)、BあるいはCが正解の場合は、ホストが扉を開ける選択の余地はない(Bが正解ならのでCしか開けられないなど)、どちらも確率は$\frac{1}{3}$ということになります(③、④の場合)。

すると、
変更しないで当たる確率＝表①か②の起こる確率

$$= \frac{1}{6} + \frac{1}{6} = \frac{1}{3}$$

変更して当たる確率＝表の③か④が起こる確率

$$= \frac{1}{3} + \frac{1}{3} = \frac{2}{3}$$

となり、変更した方が当たる確率は2倍になることがわかります。

最初に考えた「変更してもしなくてもどちらでも同じ」はヒトが陥

Aの扉を選んだ後の場合わけ

	賞品のある扉	ホストが開ける扉	確率	変更すると当たるか	変更しないとどうか
①	A	B	$\frac{1}{6}$	×	○
②	A	C	$\frac{1}{6}$	×	○
③	B	C	$\frac{1}{3}$	○	×
④	C	B	$\frac{1}{3}$	○	×

りやすい考え方だとされていますが、確率の論理でしっかり検討すると実は誤っています。先ほどの4枚カード問題と同じように、これはヒト特有の考え方のくせ＝バイアス、があるためなのです。

次の問題は3つの扉問題と同じ構造ですが、状況が面白いのでときどき取り上げられます。

● 三囚人問題 ●

　三人の囚人、A、B、Cがいる。3人とも死刑になると決まっていたが、その国の王子の結婚が決まったために、王は3人の囚人のうち1人だけを恩赦にして解放することにした。恩赦になる囚人はすでに決まっているが、まだ3人の囚人には知らされていない。結果を知っている看守に、囚人Aは「BとCの2人のうち、少なくとも1人はかならず処刑される。その名前を教えてくれても、私が処刑されるかどうかの情報を与えることにはならないだろう。処刑される1人の名前を教えてくれないか」とたのんだ。看守は「囚人Bは処刑される」と教えた。これを聞いた囚人Aは「始め、自分が助かる確率は3分の1だった。今や助かるのはCか自分かどちらかだとわかったので、助かる確率は2分の1になった」と喜んだ。囚人Aの考えは正しいか？

場合分けをしてそれぞれの場合が起こる確率を考えます。恩赦になる確率は最初 $\frac{1}{3}$ ずつです。看守はAの前では「Aは死刑」とはいわないので、「Bは死刑」か「Cは死刑」のどちらかしかいいません。「Aは恩赦」の場合は「Bは死刑」か「Cは死刑」のどちらかをいう可能性が半分ずつありますが、「Bは恩赦」「Cは恩赦」の場合は、回答は限られてそれぞれ「Cは死刑」、「Bは死刑」しかいえません。そこで、次のような場合分けができます。恩赦確率と回答が得られる確率を掛けあわせて、各場合が起こる確率が計算できます（足すと1になることに注意しましょう）。

看守が「Bは死刑」といった後の確率を見てみましょう。次頁の表

序章　ヒトはどんなふうにものを考えるか？

の「Cは死刑」の欄はすべて消えて、残りの場合が起こる確率は（足しても1にならない）相対的な確率になります。この条件でもう一回確率を計算し直すと、

Aが恩赦になる確率は

$$\frac{1}{6} \div \left(\frac{1}{6} + \frac{1}{3}\right) = \frac{1}{3}$$

Cが恩赦になる確率は

$$\frac{1}{3} \div \left(\frac{1}{6} + \frac{1}{3}\right) = \frac{2}{3}$$

ということになります。

だから、囚人Aの考え方は間違っていて、囚人Bの処刑を聞いたあとでも囚人Aの助かる確率は $\frac{1}{3}$ で変わっていません。その代わり、囚人Cの助かる確率は $\frac{2}{3}$ になっています[2]。

囚人Aがたずねたときの場合分け

	A	B	C	最初の恩赦確率	看守の回答	その回答が得られる確率	起こる確率
①	恩赦	死刑	死刑	$\frac{1}{3}$	「Bは死刑」	$\frac{1}{2}$	$\frac{1}{6}$
					「Cは死刑」	$\frac{1}{2}$	$\frac{1}{6}$
②	死刑	恩赦	死刑	$\frac{1}{3}$	「Bは死刑」	0	0
					「Cは死刑」	1	$\frac{1}{3}$
③	死刑	死刑	恩赦	$\frac{1}{3}$	「Bは死刑」	1	$\frac{1}{3}$
					「Cは死刑」	0	0

---

[2] 3つの扉問題（米国のクイズショーでやったことからそのタイトルを取ってモンティ・ホール問題とも呼ばれています）と三囚人問題は、条件付き確率の問題で、ベイズの公式を使って計算することもできます。ベイズの公式については確率の教科書を見てください。ゲルト・ギーゲレンツァー『リスク・リテラシーが身につく統計的思考法——初歩からベイズ推定まで』（ハヤカワ文庫NF、2010年）はおすすめです。

運がからむようなカードゲームなどでは，だれでも「このカードは今まで出ていないからそろそろ来る頃だ」というような「確率的な判断」をしますね。しかし，状況によっては，本当の確率を計算するような考え方ではなく，特有の（バイアスがある）判断をするのがヒトなのです。「助かるのはＣか自分かどちらかだとわかったので，助かる確率は2分の1になった」というのは，そのいい例なのです。これもヒトのこころの特徴の1つといえるでしょう。

常識的ってなんだろう？
　では，今度はこんな問題はどうでしょうか。みなさんも学校などで経験しがちなことかもしれませんね。

●　教官と訓練生　●

　ある訓練の各課程ごとに試験があり，生徒はその結果に一喜一憂する。試験の結果について，ベテラン教官はこういう。
「生徒をほめると次の試験の点数は下がり，叱ると次の試験の点数は上がる。やたらとほめるのは避けるべきだ」
　この教官のことばは正しいか？

　成績評価に熱心な厳しい先生がいいそうなことばです。常識的にも生徒はそんなふうに行動しそうな気もします。しかし，実は「ほめるのは避けるべきだ」というのは的はずれな考え方なのです。

　何回か試験をやると，ふつうの生徒1人のできは平均点を中心としてそのまわりにランダムに散らばるはずです。そういう生徒がほめられるのは平均を上回る成績を取ったとき，逆に叱られるのは平均を下回る成績をとったときでしょう。だから，教官が何もしなくても，いい成績の次はそれより下がった平均以下の可能性が高く，悪い成績の次はそれより上がった平均以上のややましな成績になる可能性が高いのです。ベテラン教官のことばの前半は，実情を語っているだけで正しいのですが，後半はできの良し悪しが平均のまわりをばらつくとい

うことを理解せず，ほめたり叱ったりすることが試験の点数と因果関係があるという間違った思い込みを語っているといっていいでしょう。

　何回も試験をすれば成績は平均のまわりにばらつく場合が多いというのは「平均への回帰」と呼ばれる現象ですが，ヒトはそんな実情を把握せずにこの教官のように的をはずして考えてしまう傾向があります。こんなことを，ノーベル経済学賞を受賞した認知心理学者ダニエル・カーネマンは1973年の有名な論文「不確実性下における判断——ヒューリスティックスとバイアス」で紹介しました。ここで紹介したのは彼がイスラエル空軍で心理学の指導をしたときにベテラン訓練教官から耳にした，実際のエピソードだといいます（『ファスト＆スロー（上・下）』（ハヤカワ・ノンフィクション文庫，2014年）。

　カーネマンは，そのほかにもヒトが陥りやすい判断の例をいろいろ紹介しています。

ミトメ先生 ヒトのこころの特徴は，たくさんある。その中でちょっと面白い例を紹介してみた。理屈通りに考えないこともあるし，直感にはバイアスがかかっているし，よく考えれば勘違いにちかいということさえある。しかし，ヒトが思考し，推論し，判断するということの奥には，こころのいろいろな仕組みが関係していて，それに応じてそんな特徴が表に出てくるんだ。それは別の意味で必然性があると考えることもできるね。そういう特徴をしっかり捕まえ，こころの仕組みを見定めようというのが認知科学の役割なのだ。

マナブさん とても面白いね。こころをめぐるいろいろなフシギを認知科学者たちはどんなことを考えながら追いかけてきたのだろうか。その原理など，いろいろ知りたいものだね。

ミトメ先生 哲学者，戸田山和久は，著書『哲学入門』（ちくま新書，2014年）で，認知科学とも相性がいい科学的実在論の哲学を紹介しつつ，哲学がずっと考えてきたのは「ありそでなさそでやっぱりあるもの」といっている。こころもそういう「ありそでなさそである」も

のではないかな。

■序章の読書案内
・市川伸一『考えることの科学——推論の認知心理学への招待』(中公新書,1997年)

 考えることについて考えるための入門書です。豊富な例があげられていて,とてもわかりやすい本です。

・ダニエル・カーネマン『ファスト＆スロー——あなたの意思はどのように決まるか(上・下)』(村井章子訳,ハヤカワ・ノンフィクション文庫,2014年)

 彼の認知心理学における研究成果が行動経済学への貢献をしたということで2002年にノーベル経済学賞を受賞したカーネマン。著者のこれまでの研究がコンパクトにまとまっています。

出発点　こころを問うひとびと

ミトメ先生　こころをわかりたい，とはだれもが考えることだね。

マナブさん　性格や相性判断とか心理ゲームというのは，だれもが関心があるね。脳科学というのもずっと注目されている。きちんとした理解なしにいいかげんな使われ方をされているのも多いけれど……。

ミトメ先生　こころを科学的にとらえようという試みが本格的に始まったのは，実はそんなに古いことではない。科学としてこころをずっと問い続けてきた心理学が，コンピュータに関する科学と技術の影響を受けてがらりと変身したのは実は 20 世紀中頃からだ。そのようにして認知科学というものが誕生して，ぼんやりとしていたこころという存在にくっきりした「輪郭」が見えてきたといっていいと思う。

「脳があるからこころがある」と，わたしたちは当然のように考えています。でも，それは当たり前のことでしょうか？

　私たちヒトの脳は千数百億個の神経細胞からできていて，1 個の神経細胞は平均数万個のシナプスと呼ばれる「結合部」で他の神経細胞と絡み合い，複雑なネットワークを作っています。そのネットワークはひとまとまりとなって特定の働きをもたらしていると見られています。それらのまとまりが重なりあって脳全体をつくっている……，神経生理学など神経科学にかかわるひとたちが神経細胞や詳細な脳の働きを調べて，そんなことが少しずつわかりつつあります（p. 91 Column 参照）。生きたままの脳そのものの働きをいろいろな機械を使って外から見る方法も開発され，脳の部分的な働きを目で見られるようにすることも可能になってきました。

しかし，1個あるいは数十個の神経細胞の働き，あるいは脳の一部の働きがわかっても，なかなかヒトのこころの働きまではたどり着きません。ヒトのこころを知るためには，もっと私たちの存在に近いマクロなことを考える必要があります。それを考えてきたのは心理学者の人たちでした。

　これまでに心理学では，自分で自分のこころの「状態」をつかまえ，それを文章にして表す方法（内観といいます）を採用して研究してきたこともありました。しかし，それが本当にこころをつかまえたことになるのかどうかは，よくわかりませんでした。つかまえたと思った「こころ」は，自分しか経験したことのない「非客観的」なことです。自分のこころのうちを説明しても，自分以外のひとに自分のこころの状態をわかってもらうことは，とてもむずかしいことだと思えてきます。他人は自分にはなれません。自分のこころに何があるのかどう説明したらいいのでしょうか。自分のこころは他人には正確にはわからないと考えたくなりますが，それでは客観的な科学になりません。だれにでもでわかる「こころの科学」をつくるにはどうしたらいいのでしょうか。

こころの研究を「科学」にする

　そこで「実験」が重要になりました。ボランティアの実験参加者に課題実験をさせて，ヒトのこころの仕組みを知ろうとする実験心理学はヨーロッパで19世紀後半に始まり，「心理学者」という専門家たちが活躍するようになったのです。

　ちょうどその時期は，化学や物理などのいわゆる「自然科学」が大発展をとげようとしているころと重なります。化学者や物理学者は，目に見えない原子，あるいは触ることのできない光，ものを変化させる熱などのくわしい性質を，精密な実験を駆使して定量的（対象をきちんと数値化して）に追求していました。原子分子の存在や光，電磁

波，エネルギーの性質を化学者や物理学者が実験と理論を通して確認・理解したように，ヒトのこころとその仕組みをだれでもわかるように扱い，説明するにはどうしたらいいのか，と心理学者たちは悩みました。アメリカの心理学者たちが考えだした方法は，「見えるところしか見ない」ということに徹しようという考え方でした。それなら，客観的でないと文句をつけられることはありません。「これは科学だ」と胸を張っていえるのです[1]。

条件反射から行動主義心理学へ

たとえば，「梅干しは酸っぱい」と，こころの中で思ったことをどうやったら知り，客観的に他人に示すことができるでしょうか。梅干しを何度も食べたことのある人は，梅干し（実物，あるいは写真でもいいですね）を見れば，こころの中で「ああ，酸っぱいだろうなあ」と思い，口の中にだ液をあふれさせます。ロシアの生理学者イワン・パブロフが注目した条件反射という現象です。梅干しを食べたことのある人のこころの中はわからなくても，「梅干しを見せた」ことと「だ液が口にあふれた」という事実には，梅干しを食べたことのない人と異なる決定的な関係があるはずです。「梅干しを見せた」ということ，「だ液が口にあふれた」ということはどちらも客観的に調べら

[1] 科学とはなにか，という問題は，どう問題を設定するか，それにどう答えるか，のどちらについてもなかなか難しい問題です。科学が発展してきた歴史からは，科学は「(人間を含む) 自然についての，経験に基づく客観的，合理的な知識体系であって，厳密な因果性の信頼の上に観察と実験を基にした専門的，職業的な研究者によって推進されている学問の総称」（平凡社『世界大百科事典』から）とされています。取り組む方法から見ると科学は「仮説検証（現象を説明すると考えられる仮説を立て，それが正しいかどうかを実験や観察などで検証を続けるという手続き）」という推論手続きで進められるのが通常の在り方です。くわしくは科学哲学や科学史の本に任せましょう。戸田山和久『科学哲学の冒険』（NHK ブックス，2005 年）などを見てください。

れることですから，そこから間接的に梅干しをすっぱいものととらえているこころの活動を知ることができると考えられます。

1913年，米国の心理学者ジョン・ワトソンはこのような考えを取り入れた行動主義という心理学の方法を提唱しました。行動主義は，ある経験を重ねた人間の反応の「入り口」（＝刺激）と「出口」（＝反応）の関係だけで人間を捉え，その対が形成されることが「学習」であるとして，その後の行動の予測などに結びつけようと考える心理学です。「入口」と「出口」の間にはヒトのこころというものがあるはずですが，それには直接に目を向けません。当人しかわからない「こころの中」を考えないことは，客観的な科学的方法になじむということになります。この考え方は，心理学を科学にしようという人々の賛意を受け，その後も長く使われ続けました。

行動主義にはさらに改良が加えられ，刺激の特徴だけでなく生物体の特徴も影響して行動が起こると考える心理学者（新行動主義といわれます）も登場しました。彼らは，行動全体を統一的に理解するための理論体系を打ち立てようと，行動と学習についての精密な研究を進めました。しかし，厳密な定義のもとの客観的な研究とはいえ，動物実験が主でありヒトの意識や思考といったことにはなかなかたどり着けませんでした。だれもが感じる「こころ」に興味を向けないやり方に不十分さを感じる声も出てきました。こころというものの実在を示し，こころそのものへの接近を試みる心理学はなかなか出てこなかったのです。

こころの中の「認知地図」

ヒトや動物に，アタマの中の「地図」とでもいえるものがあることに気がついたのが，こころに「刺激－反応」という対の関係を超える「なにか」があるのだという確認の第一歩でした。

たとえば，大きな駅で電車のホームからいくつかの出口があるうち

で北口へ迷わずに出るために、わたしたちは頭の中で全体的な位置を捕まえたり目印などを使ったり、いわば地図のようなものを頭に入れています。1930年、米国の新行動主義心理学者エドワード・トールマンが気づいたのは、ネズミのこころにそういう地図があるという事実でした。

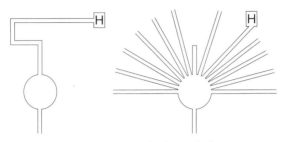

トールマンの認知地図の実験
まず、左のような道筋でネズミを円形の出発点からエサのあるH点までいけるように訓練する。道筋をまったく変えて右のようにしても、相対的な位置を地図としてわかっているネズミはエサにたどり着ける。（文献［1］から改変）

　彼はネズミに迷路を学習させる実験をしているうちに、途中の迷路の形状をいろいろに変えても目的地である餌場の位置さえ変えなければ、ネズミは目的地にたどり着くことに気づきました（上図）。ネズミは何回も学習した結果の「体の反応」、つまり「あそこで右へ行ったら次は左、しばらくいってまた右……」というように体で覚えているわけではないらしい。どうも、出発点から目的地までの位置関係がわかる「地図」をネズミは頭の中に作っているらしいのです。さらに、最初に迷路を水で満たし泳いで目的地に到着するように学習したネズミは、水を抜いた迷路を走らせても目的地にちゃんと着きました。泳ぐという行動と走るという行動はまったく違う体の使い方をするのに、目的地に到着できるということは、ネズミのこころの中には、迷路で進むべき方向、距離や参照すべき周囲の目印などの情報を含んだ「地

図」のようなものがある，と考えられます。これは「認知地図」と呼ばれ，現実世界に対応してこころの中に「実在するもの」があることを示しているといえます[2]。

この事実が発見されてから，「こころの中にあるもの」を何とか捕まえようとする努力がなされ始めたのです。

こころの中にあるもの

こころを知るために，こころの中にある「なに」に注目するべきなのでしょうか。それはそのこころを持つ当人以外でもはっきりとわかるものでないといけません。「ある」といっても，見ることのできるものでも触れられる実体を持つものでもなさそうです。では，なにを考えたらいいのか……。

そういうものの中で，一番だれにでもなじみがあるものは，「記憶」でしょう。授業で「明日までに英単語を 10 個覚えてこい」といわれて，単語 10 個を順番に何回も唱えたりノートにたくさん書いたりして覚えるのも記憶ですし，その課題をちゃんと家で忘れないように実行するのも記憶の力を使っています。あるいは，ずっと昔，幼稚園に通っていたときにお母さんが迎えに来てくれた光景をふと想い出すこともありますね。これも記憶です。

記憶というものの実体があるとすると，これは行動主義心理学で提示された「刺激 – 反応」というもの以外の枠組みでないとつかまえられない「何か」がこころにあると考えないといけなさそうです。実は，19 世紀終わり，心理学者の先駆者の 1 人，ドイツのハーマン・エビ

---

[2] その後，脳の海馬という部分に「場所特異的に興奮する神経細胞」が発見され（1971 年），さらに脳の嗅内皮質というところに「空間的な格子」を認識して反応する神経細胞 = グリッド細胞が発見され（2005 年），発見者は 2014 年ノーベル医学生理学賞を受賞しました。トールマンの認知地図はこれらをはるか以前に先取りしているといっていいでしょう。これらの神経細胞と認知地図との関係の解明はこれからの課題で，研究が進んでいます。

ングハウスがすでに自分自身を材料に記憶について研究していました。一端記憶したものをどういう場合に忘れやすいかというテーマの定量的な分析もあるしっかりした科学となっていたのです。20世紀になっても，記憶は心理学の主要な研究テーマの1つでした。

こんな記憶に関する研究が出てきました。短期記憶容量の限界という問題です。ヒトは時間さえかければ多くのことを覚えることができます。その限界はわからないほどです。しかし，一方で，短時間にとっさに処理できる記憶の容量にははっきりと限界があります。たとえば，買い物を頼まれたとき「ティッシュペーパー1箱，それに歯ブラシ，キュウリとニンジンとナス，それからスティックのりと単3電池4本買ってきてね」という注文だったら，「そんなにたくさんのことをいっぺんにいわれたって覚えきれないよ！」とあなたは文句をいうかもしれませんね。

人間はどのくらいの項目数までいっぺんに把握して処理できるのでしょうか。そんな実験をしたのが米国の心理学者ジョージ・ミラーです。その実験によれば，数字のような簡単なものでも，人の名前のようなものでも，一度聞いた直後にきちんと思い出せるのはだいたい7個（個人差など考えても7±2）までということが示されました（1955年）。ミラーはこの7を「魔法数（Magic number）」と呼び，短期記憶という情報処理能力の限界を表すと考えたのです[3]。この事実は，こころが情報の処理装置として一時的に預かる容量には決まった限界があり，その限界は「実在物」であり，記憶も実在していると考えてよいということを表しています。

表象という「なにか」

記憶のほかにも，こころの中には外側の現実世界に対応するいろいろな「なにか」があり，現実世界についてこころが認識したり考えたりする際，こころはその「なにか」を扱っていると考えるとこころの

複雑な働きに説明がつけやすいことがわかってきました。そんな「なにか」って，どういうものがあるのでしょうか．

たとえば，目の前に赤いリンゴがあります．これはリンゴから反射光が目に入り水晶体を通して網膜というスクリーンに像を結び，その信号が視細胞から視神経を通って脳で処理されて「見える」という感覚を得ていると考えられます．一方，目をつぶっても，イメージとして赤い果物の画像（のようなもの）が心に浮かびますね．それでは，目を開けて，紙に書かれた「リンゴ」「りんご」「林檎」という文字の並びを読んでみましょう．わたしたちのこころは，それらの文字が赤い実を指すこと，あるいはちょっと酸っぱくて甘い味がすることを思い出します．さらに「リンゴ」と声を出して読んでみましょう．この3つのカタカナが表す音もあの赤い実を指します．「リンゴの唄」という懐メロを思い出して，ついつい口ずさむかもしれません．

わたしたちのこころは，あの赤い実に対応させて，赤いイメージとか，何種類もの文字の並びとか，甘酸っぱい味とか，シャキシャキとした歯ごたえとか，リ・ン・ゴ，という3つの文字が表す音とか，いろいろな「対象」を，思い出したり，考えたり，比べたりし，さらに別の記憶に結びつけています．これは，こころという「情報処理装置」が，リンゴということがらにまつわる多種多様な対象についていろい

---

[3] ミラーの論文「魔法数 $7±2$ われわれの情報処理容量のある限界」（文献[2]）は，情報量をあらわす bit という単位が登場し，情報科学の影響を大きく受けていたことがわかります．そういう意味では認知科学のもっとも最初の成果でしょう．記憶する項目のひとまとまりをチャンクといい，そうした処理で効率よく記憶できることがわかっていたのですが，ミラーの仕事はそうした記憶の置き場所（チャンク）がこころの中には7つしかないということを示しています．なお，その後の研究で，短期の記憶をつなぎとめておくためには，絶えずそれを「繰り返し唱える」ようなこと——リハーサルと呼ばれる——が必要だとわかってきました．それをおこなわない場合の「素」の短期記憶ではせいぜい4つ程度の置き場所しかないようです．記憶という現象は認知科学の主要なテーマの1つで多くの興味深い研究があります．

ろな処理をしている、といっていいでしょう。

こころの中に存在していて、こころが扱える「対象」を総称して「表象」[4]という名前がついています。英語でいえば representation です。「こころの科学＝認知科学」では、この表象という存在がもっとも基本的で大切なものです。表象というものには、記憶や聴いたり見たりした知覚情報、シンボル、ルール、イメージ、概念……いろいろなものが含まれます。

ヒトが作った情報処理装置といえば、文字情報も画像情報も音声情報も、すべて電気信号による0と1の並び（0001101001……のようなもの）を使って表現し、その情報を処理したり入出力したりしているコンピュータがあります。

こころもコンピュータになぞらえて考えることができそうです。ミクロな視点から考えれば、こころの中のいろいろな「表象」は、脳にある神経細胞とそのネットワークの中でのある「興奮状態」が生んでいると考えていいでしょう（神経細胞というものの存在を知っている私たちだからそういえるのですが）。脳でもある特定の興奮状態パターンがある表象を生んでいると見れば、それはコンピュータの中の0と1の並びが作っている文字や文章や画像、あるいはプログラムと似たところがあります。コンピュータは、その情報の並びをすべてチェックすることができますが、こころが扱う表象は、ピンセットでつまめて顕微鏡で見える神経細胞というものよりもう一段抽象的で、直接には見えないし、コンピュータの中にある文字のように印刷することもコピーすることもできません。

実際にあるものとしてどんなものなのか、確かめるのはややこしいのですが、いろいろな実験の積み重ねから、こころの中の表象の実体

---

[4]「表象」は別の分野、たとえば認知科学とともに発達した研究分野である人工知能では「表現」といわれています。文学や芸術の分野でも頻繁に使われるようになったことばです。認知科学でいう表象を区別して、「心的表象」mental representation ということも少なくありません。

について，だんだん具体的にみえてくるようになってきています。

　こういったこころの中の「表象」をこころが操作する，と考え，その操作過程と結果こそが学習や推論，思考などの認知現象だ，というのが「表象主義」という考え方です。これは現在の認知科学の1つの基本となっています。次の章で表象とその操作について具体的には紹介することにしましょう。

ミトメ先生　心理とかこころの持ち方というとファッション雑誌や週刊誌に出ている性格診断みたいなあやふやなものと捉えられることもありがちだけれど，実のところ，心理学はがっちりとした基礎を持つ科学なのだ。認知科学はそれをさらに進めたといっていいだろう。

マナブさん　こころがあるはずの脳は外から中が見えないのに，いろいろな特性を調べるのはなかなか難しいのではないか。

ミトメ先生　そこはいろいろな技術や方法が工夫されている。認知心理学には，そういう取り組みの例がたくさん出ている。その紹介はもうすこし後にして，こころの研究の枠組みを変えたもう1つのきっかけである情報科学の話に移ろう。

情報科学がもたらしたもの

　20世紀の後半，その後の世界を大きく変える力を持った大事な発明がありました。それはいまや人工的な「知性」といってもいいほどに進化しているコンピュータ（電子計算機）です。その基礎を支える「情報科学」もめざましく発展しました。コンピュータからスマートフォンやインターネットという情報科学技術は現代生活にはなくてはならぬものとなっているのは，だれもが知っていることです。

　その一方で，情報科学の基本的な考え方が，人間のこころの働きを人工的なコンピュータになぞらえてみることを思いつかせたことも，こころの働きの解明にはとても大事なことだったのです。ヒトが自分

自身を知るという,ある意味で人類にとってもっとも大切な科学といえる「ヒトのこころの解明」にとてつもない大きな影響を与えているのはこの比較から生まれた「こころの情報処理モデル」なのです[5]。

だれもがコンピュータやスマートフォンを使って,ネットワークで繋がれた世界のあちこちにあるとてつもない分量の情報を検索して利用し,自分の伝えたい文章,画像,動画などどんな情報でも世界の人に瞬時に伝えることができるようになりました。これは情報科学のおかげだといえます。コンピュータと情報についての科学・技術がどのように発展したのか,ちょっとだけ紹介しましょう(年表参照)。その中では,情報科学のルーツを創った4人の先駆者,チューリング,フォ

認知科学につながる情報科学

1936年	英国の数学者アラン・チューリング,「計算可能な数」についての論文中で,仮想的な計算機械「チューリングマシン」を導入。
1945年	米国の数学・物理学者ジョン・フォン・ノイマン,プログラム内蔵式のいわゆるフォン・ノイマン型コンピュータの構想について報告書を書く。
1948年	米国の数学者ノーバート・ウィーナー,生物と機械の構造と制御を分析した『サイバネティックス』を出版。
1948年	米国の電気工学・数学者クロード・シャノン,情報の量的理論を研究した論文「通信の数学的理論」を発表。
1948年	米国カリフォルニア工科大学でヒクソン・シンポジウムが開催され「神経系の働き」について討議される。
1950年	チューリング,機械の知能を評価するチューリング・テストを提唱。
1956年	米国ダートマス大学でヒトの知能を機械で実現しようという目的のもと,10人の学者を集めたダートマス会議が開かれ,人工知能と認知科学という2つの研究分野が生まれた。

---

[5] 基礎的な科学がその後の技術の発展に大きくかかわったのが20世紀の科学・技術の特徴ですが(たとえば量子力学や分子生物学がいい例),一方で,技術の発展が,基礎的なものの見方や学問の発展に大きくかかわることもありました。情報科学と認知科学の関係はそのいい例です。

ン・ノイマン，ウィーナー，シャノンに注目しました。実は，彼らの先駆的な成果はどれも「ヒトのこころ」に密接な関係がありました。それは認知科学をすすめる上で大きな力があったのです。

　理論的にコンピュータの登場を予言し，人工の知性の可能性を探ったのは，英国の数学者アラン・チューリングでした。計算とはどういうことかという本当に基本的な問題をまだ誰も考えなかったころに何でも処理できる「万能マシン」というものにたどりつき，知性の本質は計算でそれは人工的に作れるのでは，と考えました。ヒト並みの知性とはどういうものか，判断するチューリング・テストは有名です（p. 29 Column参照）。チューリングは未来への道筋をつけた時代を超えた天才といえるでしょう。

　チューリングの仕事をさらに具体的にしたのがハンガリー生まれで米国に移住したジョン・フォン・ノイマンです。彼は，現在も使われているコンピュータの作動する原理を設計したとされています。実際に動くコンピュータの実現には不可欠の人だったといえるでしょう。

　フォン・ノイマンも，機械と生物の関係を考えていましたが，より積極的にその意味を捉えて新しい分野を提唱したのは数学者のノーバート・ウィーナーでした。目標と現状の差を捉えては進むべき方向を修正するフィードバック機構など，自己制御しながら全体として動くまとまり＝システムと生物の共通性を深く考えたのです。

　音や文字，符号，画像などはすべて情報ですが，それを統一的に扱おう，その大小もきちんと定義しようと考えたのが工学者のクロード・シャノンです。0か1か（あるいは硬貨の表か裏か，有りか無しか，といってもいいですね）というようなもっとも小さな情報の量を1ビット（bit）と勘定することを提唱，情報の量を測ること，情報を送る通路の大小，あるいは情報の正誤までをきちんと数学的に扱えるようにしました。これは何らかの機構に限らない一般的な話なので，生物の身体で飛び交っている情報さえもこのシャノンの情報理論という枠組みで考えることができます。

1章　出発点　こころを問うひとびと

　この4人は情報科学の基礎づけをおこない，さらにそれは人工物だけでなく生物にまで応用する道を拓いていたといえます。

> Box **アラン・チューリング**
>
> 　数学者であるチューリングは，数学のもっとも基本となる「計算できるとはどういうことだろう」というところに疑問を持ちました。大学を卒業してまもない1936年，彼は，理論的にはいかなる計算も実行できる力を持つ仮想計算機械「チューリングマシン」を計算する「モデル」として提唱しました。この仮想的な機械には，1マスずつ分かれた無限に長いテープが付属していて，各マスは0か1が書かれます。各マスに何が書いてあるかを確認したうえで，右に動かす，左に動かす，マスに書き込む，書き込みを消す，という4つのことができるだけという簡単な機械です。
>
> 　チューリングは，こんな簡単な機械が，ヒトが計算できる（考えることができる，といってもいいのです）ものならどんなことでも計算できる「万能マシン」であることを理論的に示しました。ヒトの知性は機械で真似できそうだ，というわけです。これは科学や技術にかかわる人を驚かせた結果でした。ヒトの知性はそういう万能マシンとどういう関係にあるか，どういうマシンを作ればヒトの知性が作れるのかという興味も湧いたでしょう。
>
> 　その後，第二次大戦が始まると，チューリングはドイツの暗号を解読するプロジェクトに関わり成果をあげました。戦後は英国国立物理学研究所でACEという計算機設計に関わり，1950年，計算機械がヒトと同様の知能を持てるかどうかを判定する「チューリング・テスト」を提唱しました（p. 29 Column参照）。チューリングの仕事は理論的・抽象的ではありますが，複雑な計算を自動的におこなうコンピュータとヒトの知性の人工的実現を目指す人工知能の両方に最初に火をつけた人物だといえるでしょう。

Box　ジョン・フォン・ノイマン

　数学では作用素環論という無限次元を扱う方法を創始し，物理学では量子力学の基礎を固めるなど，ジョン・フォン・ノイマンは科学の世界で縦横無尽の活躍をした万能の天才です。彼が提唱・設計したノイマン型コンピュータという原理は，現在も使われているコンピュータの作動方式です。これがなければ，現在のようなコンピュータ時代はありえないのです。

　彼の持っていたチューリングの数学的業績への深い興味は，もっと具体的なコンピュータ開発の仕事に取り組むきっかけともなりました。1945年，彼はペンシルヴァニア大学で構想されていたコンピュータ「EDVAC」の仕様書を発表，いわゆるプログラム内蔵方式（ノイマン型）コンピュータを提唱しました*。同じペンシルヴァニア大学で先行開発された最初のコンピュータENIACは，計算の手順の変更をするのに計算機外部のコードをいちいちつなぎ替えなければならないという手間のかかるものでした。つまり，計算機を動かすソフトウェアが何千本という接続コードからできていたわけで，計算の目的，方法を変えるには大変な手間がかかりました。

　フォン・ノイマンが提唱したのは，計算機の記憶装置（メモリ）の上に計算機自身に指令を出す「プログラム」を格納するという仕組みで，先輩ENIACに比べれば革新的で格段に使い勝手がよかったものだったといえます。

　ノイマンは，コンピュータという機械を，単に「高速で数値計算をする」もの，とはみなさず，「論理的な機能を遂行する」のがコンピュータの本質であると，言い切っていました。ここでノイマンは，自分たちの設計したコンピュータをチューリングの提唱した「万能マシン」とみなし，チューリングの夢を実現させたといっていいでしょう。さらに，最初に書いた仕様書では，コンピュータというシステムと脳・神経に対して同じ見方ができるということも含めた考察も深めていました。つまり，彼は生命，あるいは知性の萌芽がコンピュータにも見ることができるはずと考えていたわけで，晩年，脳とコンピュータの

関係について考察を重ねていました。このアイデアを完成することなくこの世を去ったのは惜しいことでした**。今,私たちが使っているコンピュータはすべてノイマン型ですから,フォン・ノイマンの功績はたいへん大きいものだといえます。

> *　プログラム内蔵方式の提唱者が正確にだれなのかは議論があります。仕様書発表以前から,ペンシルヴァニア大学ムーア・スクールのジョン・モークリー,ジョン・エッカートらとノイマンが議論を重ねていました。彼らもアイデアに貢献があった可能性があります。
> **　死後,講義の原稿が『計算機と脳』(1958年)として出版されました。

Box　ノーバート・ウィーナー

　フォン・ノイマンとほぼ同時期に,機械と生物を「制御」という視点から統一的に考えたのは,ノーバート・ウィーナーという数学者でした。

　偶然に起こる現象について時間を追って調べる「確率過程」という数学理論で名声を得たウィーナーは,第二次大戦中,自動照準器やレーダーなどの軍事技術のプロジェクトをきっかけにして,自分自身をコントロールする機械システムについて考えるようになりました。たとえば,よく使われるフィードバックという機構は,狙った目標と現在の状態を比べ,その結果の情報を少し入力に戻して目標と現状の差を小さくするように制御するという方式です。たとえば高射砲の命中度を上げるには,そういう技術が必要でした。

　彼はこのフィードバックという方式が,生物が身体を動かしてうまく行動することの説明にも使えることに気づき,生物学にくわしい人と研究を進めました。ヒトや動物の神経系の働きを理解するためにその基礎を数学や計算機の理論などで構築したのです。1948年に発表した『サイバネティックス』という著書は,フィードバックなども含めた通信制御,情報処理という視点から,生物や人工物である機械システムの能力を一般的かつ統一的にとらえるために書かれました。特に脳がどのように働くかについて考察し,その後の研究を先導したと

いえるでしょう。そこでの主張は，その後の情報科学，システム工学，生物学の発展，そして認知科学の出発に大きな影響を与えました。

Box　クロード・シャノン

　情報という概念をきちんと定義し量的にとらえた米国の通信工学者クロード・シャノンの仕事も忘れるわけにはいきません。『サイバネティックス』と同じ 1948 年に発表された論文「通信の数学的理論」では物理の理論を参考にして，ヒトが符号や音声を送ったり受け取ったりする通信システムで送信・受信される情報を一般的かつ厳密にとらえる理論を作りました。情報量の大小を測る bit（ビット）という単位を導入して，情報量をどうやって計算するかの方法を確立しました。さらに通信システムで情報を送信・受信する間に紛れ込む細かな間違い（ノイズ＝雑音）の問題や送る情報量の限界（情報のやりとりにも「道の太さ」がある）の問題なども議論しました。シャノンの理論で設定された枠組みは，これまでの通信ネットワークの発展に不可欠であるばかりではなく，情報科学の基礎をしっかりと支えるなくてはならない理論でした。これらの理論は数学を基礎とした基本性質のみで組み立てられ，人工物でも生物でも成り立つ一般的に応用できるやり方だったのです。たとえば，脳がどのくらいの情報量を処理できるのかと考える場合に，シャノンの考え方がどうしても必要になるでしょう。

　1940 年代に一気に出現したこれらの「情報科学」による成果を基礎として，1950 年代以後，コンピュータは開発され実用化されていきます。ヒトの仕事であった計算を自動的に遂行する機械の登場はいろいろな分野に多様な影響を与えました。分野を超えてコンピュータや情報に興味を持つ人たちが集まり，議論し合う中で新しい研究の方向性が生まれてきたのです。

　それは「コンピュータの情報の処理のやり方は，ヒトのこころの働

きと似ている，いやほとんど同じなのではないか」という主張です。仕組みの違いを超えて，こころの働きが機械の働きとそっくりだというのは，こころの働きをさらに考えるための大きなヒントとなりました。それが「こころの情報処理モデル」につながるのです。

コンピュータでは，英数字などの記号でプログラムや入力データが表現され，それが内部で入れ替えられたり，一部削られたり，2つのデータがくっつけられたり，コピーされたりといういろいろな処理がなされて，計算が実行されています。コンピュータのやり方とこころのやり方を重ねてみると，こころが処理している表象も，コンピュータと同じように記号として扱われ，計算という処理がなされているのではないでしょうか？　そう考えることは，こころが情報処理をしているという考え方の誕生へと結実しました。最初に誰がそう思いついたのか，というのはよくわかりません。しかし，これまでお話したことを考えると，チューリングもフォン・ノイマンもウィーナーもそんな考えを持っていたのではないでしょうか。

「こころのやり方はコンピュータの情報処理と同じ」……この発想は，心理学，情報科学，言語学，神経科学，そして哲学まで，こころの謎を解こうとしてきたいろいろな分野の人たちの考え方の方向性を揃える役割をしました。それまでの理解に使っていた「枠組み」＝パラダイムが革命的な進展でまったく新しい「枠組み」に置き換わること，いわゆる「パラダイムの変革」が，科学の発展にはときどき起こりますが，そのいい例です。そして，認知科学というちょっと不思議な研究分野が生まれたのでした。

Column　こころを持った機械への夢とチューリング・テスト

ヒトのこころを持った人工物へのあこがれはギリシャ時代から

あったようです。ホメロスの叙事詩『イーリアス』(紀元前8世紀ごろ)には火の神ヘパイストスが作った黄金製の侍女が登場します。彼女らは自律的に動き,ことばを話し,こころさえあるとされていますから,人造人間の元祖というわけです。ユダヤ教経典に登場する動く泥人形ゴーレムは,主人の命令のままに動きますが,ことばや知性は持ちません。

　伝説や神話から離れても,自動的に動く人形(オートマタ)は日本も含む世界のあちこちで開発され見せ物として喜ばれました。技術の発達する19世紀になると,知性を持つ人工物がリアリティのある存在として小説に登場します。最右翼はフランスの小説家・詩人のヴィリエ・ド・リラダンが書いた小説『未来のイヴ』(1886年)でしょう。あの大発明家トーマス・アルバ・エディソンが開発したという設定でアダリーという人造人間(アンドロイド)が登場し,そのメカニズムまで詳細に描写されています。アダリーはあたかもこころを持っているかのように人と対話をするのです。

　ロボットということばが生まれたのは,人造人間が人間を滅亡させるというストーリーのチェコスロバキアの作家カレル・チャペックの戯曲『R. U. R.(ロッサム万能ロボット会社)』(1920年)です。ここに登場する人造人間は,メカニックなものではなく今で言えばバイオテクノロジーで作った柔らかいロボットという設定です。材料は違うものの,やはり知性を持ち,最後には繁殖力まで獲得してしまいます。この戯曲が発表されて以後,サイエンス・フィクションには知性を持ったロボットがつぎつぎと登場します。その中では,生化学者でもあったSF作家アイザック・アシモフの作品は有名です。彼は知性を持つロボットを主人公とした短編を1940年代から次々と発表,その中で世界初の技術倫理ともいうべき「ロボット工学の三原則」を登場させました。この影響は大きく,その後のロボットSF小説やSF映画はこれを下敷きとしているものがたいへん多いのです。

　知能機械の可能性があるのを実際の科学的思考から指摘したのは,

1章 出発点 こころを問うひとびと

英国の数学者アラン・チューリングです。万能計算機械であるチューリングマシンを構想（1936年），その概念を計算の基礎理論構築に使ったことはすでに紹介しました。さらに，1947年のロンドン数学会の講演で，チューリングは「学習して自己を改良する機械」の可能性や機械にチェスをさせるアイデアに触れていました。彼はこのテーマをさらに追求し，1948年に未発表論文『知能機械』を書き人工知能のアイデアを温めていました。

1950年，哲学雑誌に論文『計算機械と知能』を発表, この中で「知能とはなにか」という設問に対する答えとしてチューリング・テストを提唱しました。人間のような知能をもし機械に持たせるとしたら，その能力はどうやってテストしたらいいのか，考えた結果です。ヒトはもちろんこのテストを通過するはずですが，機械でもこのテストを通過すれば，ヒト並みの知性がある，と判定できるというのがチューリングの主張でした。

チューリング・テストとはこんなものです。次のような設定を考えてみましょう。

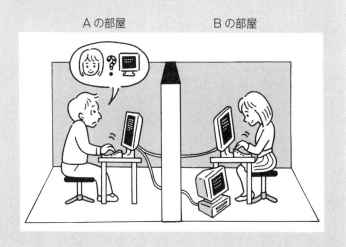

２つの部屋を用意し，その２つを信号ケーブルでつなぎます。一方の部屋Ａにはディスプレイとキーボードがあり，外からの信号を受信したり外へ信号を発信したりできます。それにつながるケーブルはもちろん部屋Ｂにつながっています。Ａには人間が入り，キーボードを使って文字で会話を入力します。その入力に対しＢの部屋からの出力文がディスプレイに現れます。Ａの人間はそれを見て，また会話を入力しＢに送ります。こういう対話をしばらく続けて，その対話の内容からＡの人間は，相手のＢがヒトであるか，あるいはコンピュータ（もちろん，その中には人工知能が仕組まれています）であるかを判断するわけです。もしＢがコンピュータであったにもかかわらず，「対話をしていた相手は人間だ」とＡの人間が判断したら，Ｂのコンピュータは「ヒト並みの知能を持っている」とみなせるということになります。これがチューリング・テストです。

　知能や知性を定義するのはなかなか難しいことです。チェスだけヒトより強くなった人工知能があったとしても，ごく日常の会話で「僕は今日の昼はイタリアンにしよう」ということばを聴いて，「彼は昼飯にスパゲティを食べる可能性が高いな」と判断することは難しいとしたら，その人工知能に「ヒト並みの知性がある」といえるでしょうか。ヒト並みの知性というからには，限られた分野に対応する限られた能力だけでなく，ヒトのようにまわりの世界がどのくらいわかっているかということを考える必要があります。対話というだけでもいろいろな切り口があるはずで，単純に受け答えができるかどうかだけではなく，周りの世界がわかっているかどうかというトータルな能力を見なければなりません。

　私たちが使う言語（自然言語）を聞いて意味を理解し，それに対して的確に答を返すという能力＝自然言語処理＝を構築することはチャレンジとしてとても興味深いことでしょう。しかし，文の意味，ことばの意味というのを機械に理解させるのは難しく，ボロを出さずに対話・議論できる人工知能の登場はまだまだこれからです。

ミトメ先生　天才4人が，それぞれ得た独自の発想が組み合わさると，コンピュータという世界を変える発明になった。実はその延長上に生物という存在も見据えていた人もいたというのがすごいね。

マナブさん　ちょうど同じ頃に，同じような興味を持つ4人が生まれるというのは実にいいタイミングだった。

ミトメ先生　20世紀の科学というのは，そういう不思議なタイミングがいくつもあったね。現在のエレクトロニクスを支える量子力学が生まれたのもそうだし，今の医療を変えつつあるDNAの発見や分子生物学の発展にもそんなストーリーがあるなあ。情報科学も同じだなあ。そこからの発展がこれから話そうとする認知科学につながっていく。

双子の学問の誕生

こころの研究と情報科学の最初の「交差点」はカリフォルニア工科大学で開かれた1948年9月のシンポジウムでした。テーマは「行動における大脳の機構」でしたが，その後，ヒクソン財団がバックアップしたので「ヒクソン・シンポジウム」として知られています。

コンピュータの基礎を作った天才フォン・ノイマンは脳とコンピュータが同じ枠組みで考えられると提唱しました。さらに神経細胞の数学的モデルを作ったワレン・マカロックも，脳の神経系はコンピュータと同じ論理回路として働くと発表したのです。心理学者のカール・ラシュレーは，それまでの主流であった行動主義心理学＝心の内側の仕組みを見ない心理学に反旗をひるがえしました。全体を見れば，この集まりは，こころと情報科学，あるいは生物と機械を結ぶきっかけを，研究者に与えたのです。しかし，情報科学の考え方を通じてヒトのこころが捉えられるという野心的な試みが深まるのには，もう少し時間がかかりました。

記念すべき年は1956年です。この年の夏から秋にかけて，米国で

開かれた2つの会議が、ヒトの知性を人工的に作ろうという「人工知能」研究と、ヒトのこころの成り立ちを探る「認知科学」を誕生させたとされています。「認知科学」と「人工知能」という新しい学問領域はいわば双子といっていいのです。

　まず、6月から8月にかけて、ニューハンプシャー州のダートマス大学に、数学、論理学、通信工学などで鍛えられコンピュータに関心を持つ気鋭の10人が集まって連続セミナーをおこないました。呼びかけたのは、数学専攻のジョン・マッカーシー、やはり数学専攻のマーヴィン・ミンスキー、そして情報理論の創始者クロード・シャノン、それにコンピュータ開発にかかわっていたIBM情報科学研究担当マネジャーのナサニエル・ロチェスターという人たちでした。さらにヒトの意思決定を探求していたハーバート・サイモン（ノーベル経済学賞を1978年に受賞）とチェスのプログラムなども研究していたアレン・ニューウェル、IBMの研究者らも参加しました。これで何かが生まれないはずがなかったのです。IBMの研究者はチェスやチェッカーをするコンピュータ・プログラムについて話しました。サイモンとニューウェルはコンピュータで数学の定理を自動的に証明するコンピュータ・プログラム「ロジック・セオリスト（LT）」を示しました。そのような知的に行動したり思考したりするコンピュータ・プログラムに、マッカーシーは「人工知能（Artificial Intelligence）」という名を付けました。ヒトの知能にはまだ遠いのですが、そう名付けることでその実現を目指したのでしょう。そして、のちにこのダートマス会議は人工知能発祥の場とされました。知性を論理で追い、まねることができるはずだという主張に、こころの研究者たちは興奮を覚えたはずです。

　さらに9月に、ボストンのマサチューセッツ工科大学で開かれた情報科学に関するシンポジウムでは、先ほどのニューウェルとサイモンの定理証明プログラムの話に加え、もう2つの目玉が登場しました。1つは前年に博士論文「言語理論の論理構造」を仕上げたばかりの言

語学者ノーム・チョムスキーが報告した新しい文法理論です。これは，ヒトのことばは学習だけで成り立つものではなく，ヒトの脳・こころにことばの体系が内在しなければ説明できないという主張でした。さらに心理学者ジョージ・ミラーの魔法数7±2の議論も発表されました。いずれも情報科学の影響を受けたこころの研究です。人間についての学問，つまり実験心理学，理論言語学，こころの動きのコンピュータ・シミュレーションなどはすべてより大きな全体の一部だ，とミラーはいいました。それらの学問が共通に持っている関心事を，より精緻化して協調して研究すれば，新しいヒトの科学ができると参加者たちは確信したといっていいでしょう。まさにそれこそ認知科学という学際的な学問を作るという目標がきまったのです。

情報科学からこころを追うと……定理証明プログラム

コンピュータ発展の初期であったからこその研究への熱意があったといえるでしょう。少し時間をさかのぼり，会議に参加したサイモンたちの軌跡をみてみましょう。会社組織の中での人間行動の研究など知られていたカーネギー・メロン大学のハーバート・サイモンは1952年，カリフォルニア州サンタモニカにあるランド研究所を訪れ，そこで古いパンチカード機械が地図を打ち出しているのを見てびっくりしました。「計算機では数値だけでなく非数値記号も取り扱えるんだ」。さらに彼にとって幸運だったのは，11歳年下で数学専攻のアレン・ニューウェルに出会ったことでした。

「論理機械としてのヒトのこころ」という視点を持っていたサイモンは，ヒトのこころを計算機で実現するという発想にたどり着いていたのですが，ニューウェルも同じことを考えていたのです。そのアイデアが熟するのにさらに2年がかかりました。ニューウェルはサイモンのいるピッツバーグとサンタモニカを行き来して研究を進めました。

最初はヒトとチェスを対戦できるコンピュータ・プログラム，さらに幾何問題の証明プログラムを経て，コンピュータが数学定理の証明へ挑戦するプロジェクトにたどり着きました。

　目標は，数学と論理学の偉大な教科書であるバートランド・ラッセルとアルフレッド・ホワイトヘッドの『数学原論（プリンキピア・マセマティカ）』の定理証明をコンピュータに実行させることでした。その教科書に使われている記号論理学の記号を処理できるコンピュータ言語が必要とわかりました。いくつもの記号を関係付けてコンピュータのメモリに格納できる「リスト処理言語」IPLを2人は開発したのです。

　それで書かれた定理証明プログラム「ロジック・セオリスト（Logic Theorist）」はこんなことをするものでした。……記号を操作する基本原則として公理とそれまでに証明された定理がまず，あります。プログラムは新しい命題を与えられ，これまでの公理・定理を使った証明を探せ，と命令を受けます。すると，プログラムは手持ちの規則を使って，次々に記号の操作を進め，定理の証明を試みます。もし，証明できたら，それを印刷しますが，証明が見つからなければ，「解答不能」と宣言してプログラムは実行をストップします……。

　ヒトが証明するのとそっくりです。2人の開発した定理証明プログラムはとてもうまく働きました。『数学原論』第2章に出てくる52個の定理のうち，38個を証明できたのです。特に，定理2・85については，元の本よりもエレガントな別証明をプログラムは見つけました。

　サイモンたちは，すでに存在する記号体系に，「変更する」，「複製する」，「消去する」，などの処理をして，新しい記号体系を作り出すシステムを作り，「物理的な記号システム」と名づけました。物理的，とわざわざいったのは，コンピュータで実際に動くシステムとして実現している，という意味を強調するためだったといいます。そしてこう宣言しました。「物理的な記号システムは，通常のヒトがモノを考える活動を説明するための必要にして十分な手段を有している」。も

ちろん，これはサイモンらの仮説であって，ヒトの知能をこれですべて解明したわけではなかったのですが，ヒトが頭を使うことの解明に「記号」と「計算」が役に立つという信念をまざまざと感じさせることばでした。

ダートマス会議において，このロジック・セオリストは，サイモンとニューウェルから贈られた参加者にとって最大のおみやげだったはずですが，この重要性を見抜く研究者はそのときにはまだそれほど多くはなかったようです。

人工的にヒトの知能を作るということに加えて，彼らには認知科学らしいもう1つの主張がありました。こんなことをいっているのです。「脳とコンピュータの機能的な一致がもっと微細なレベルでの一致を意味するとは考えない」。神経や計算素子というミクロなレベルで構造が一致していなくても，もっとマクロなレベルで同じ働きをすることを考えるというのが，ヒトの知能を考える上では都合がよいというのです。実はこの点はとても大事で，このような考え方があるからこそ，認知科学は，神経科学ではなかなか扱うのが難しいマクロなレベルのこころの働きを，積極的に調べることができたのです。

モデルという理解の仕方

「モデル」という考え方を紹介しておきましょう。「ファッションモデル」などというときの「モデル」とはちょっと違う意味で，高校まではあまり出てこない「モノを科学的に考えるとき」の基本となる重要な言葉です。

複雑な現象を調べ説明するために，その現象を成り立たせているのに大事だと考えられるいくつかの特徴を抜き出し，それらの間の関係を表現したものを「モデル」といいます。模型（実物を模した型）といってもいいのですが，「プラモデル」よりはちょっと抽象的です。

もとの現象よりもずっとシンプルですが，抜き出したいくつかの特

徴の間の関係はもとの現象と変わらないと考えられることが重要です。型が同じ＝同型ということばも使われます。このモデルという限定された枠内でいろいろ考えたり，いじってみたり，動かしてみたりすることによって，複雑な現象の主なところが再現できたり，興味ある別の状況が出てきたりすればしめたものです。そのモデルが表現の対象としていた現象がなぜどのように起こるのかという説明が，ポイントを押さえた少数の概念でコンパクトに説明できる可能性があるのです。

たとえば，天気予報をするとき，今では，大気での水蒸気や熱の動き，空気の流れなどをいくつかの方程式で表し，今日の天気情報をもとにしてそれを日本の上空・地形に設定した座標系で数値的に解いて，明日の天気を求めます。これは数値予報モデルといいます。現実の大気の状態のうち細かいところでは無視する部分も多いのですが，概ねの天気の変化は計算できます。モデルを作って考えたり計算したりすることは科学にとって非常に大事なことなのです。

ヒトの思考から論理的な特徴を抜き出してきて，「記号論理学」という方法でなぞって考えてみるというのは1つのモデルです。サイモンとニューウェルのプログラム「ロジック・セオリスト」は，そういう意味で「ヒトの思考のモデル」なのです。定理を証明するとき，ヒトとロジック・セオリストは同じように概念を扱っている，ということがいえる，というわけです。

実際の現象からモデルを作るとき，最小限の要素で組み立てて，それで実際が説明できれば「本質をついていた」ということになるでしょう。でも，最小限の要素だけではなかなかうまくいかないことも多いのです。重要な役割をしているのに見過ごしていた要素もあるかもしれません。その時は，取り入れていなかった要素を入れてモデルを作りなおせばいいのです。この要素とこの要素で……と，仮説を積み重ねて実行に移し，さらに実際の現象に近づくことができるかどうか……それは科学で本質ともいえる「仮説検証」というプロセスなのです。

問題を解く「こころ」とコンピュータ・プログラム

　サイモンとニューウェルは、ロジック・セオリストを発表した翌年、もっと野心的なプロジェクト「一般問題解決プログラム（General Problem Solver：GPS）」にとりかかりました。論理学だけではなく、問題についての現在の状態をあるべき最終目標の状態と比べ、どういう差があるかを見て、その差を縮める手段を探すという「手段―目標分析」という方法を取り入れたのです。ウィーナーがこだわった「フィードバック」と似た考えですね。2人はGPSを使って、定理証明、チェスなどのゲーム対戦、あるいはいろいろなパズルなどを解くことを目指しました。結局、GPSはそれほどなんでもできるというほどの能力を示すことはできませんでした。

　とはいえ、GPSはこんな問題が解けるのです。ハノイの塔、というパズルです。あなたはこれをどのように解きますか？「論理的に解く」とはどういうことか考えながらやってみてください。

● ハノイの塔 ●

　3本の棒が立っている。一番左の棒には、小中大3枚の円盤が上からこの順ではまっている。これを一番右の棒に移すのだが、①1回の操作は、1枚の円盤を1つの棒から他の棒に移す。②上に別の円盤が載っていない円盤しか動かせない。③ある円盤の上には、それより小さい円盤しか置けないというルールに従わなけれないけない。どのように動かせばよいか。

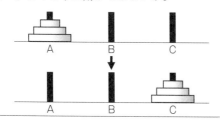

いろいろな考え方があるでしょう。いろいろやっているうちに、なんとなくできてしまった、という人もいるかもしれません。解くためのしっかりした方針があるとしたら、どんなものでしょうか。たとえば、以下の2つの方針はどうでしょうか。

解答その1　動かし方全部をしらみつぶしに調べることを考えてみましょう。たとえば、最初の状態から1枚を動かすには、①小を真ん中に移す。②小を右に移すの2通りがある……などと考えつきますね。では、①の次にはどういう手が可能か、②の場合はどうか……と考えていき、すべての場合を尽くすように並べてみると、次のような三角形の図ができます。1つの状態と別の状態が線（―）で繋がれている場合は、1枚の円盤を動かすだけで、その状態に移すことができるという意味です。だから、最初の状態（小中大が左にある）からこの線で繋がれているものをたどれば、目的の状態（小中大が右にある）に到達することができるとわかります。これですべての動かし方がわかるわけで、たとえ、いきあたりばったりに動かしているとしても、それはこの図の中であちらこちらと迷いながら動いているに過ぎません。最初の状態から目的の状態までの手順を数えてみれば、もっとも少な

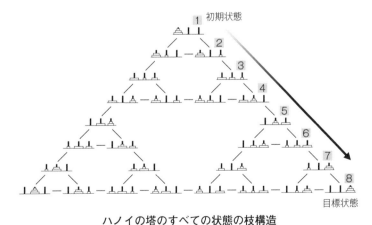

ハノイの塔のすべての状態の枝構造
（箱田裕司ほか『認知心理学』有斐閣，2010年，p. 255より）

1章 出発点 こころを問うひとびと

い手順の答は,この三角形の右の辺をたどることだということもすぐにわかります。

解く,問題解決という行為は,このように「状態の枝構造」の中から一番目的に都合のいいものを探し出すこと,だということがよくわかりますね。

解答その2 2つの種類の作戦を取ってみます。ひとつは今の状態から目標に近づくにはどう動かせばいいかという手段—目標分析です。もう1つは,目標から逆算して1つ手前の状況を設定する副目標の設定です。たとえば「右側の棒により多くの円盤が乗った状態」を目指すという戦略をとって動かしていくと,次の図のように状態が変わっていきますが,状態Fで行き詰まります。そこで目標状態から状態Fへ逆に行くにはどうするかという副目標を設定して進めていく……ヒトはしばしばこのような方法で問題を解決しています。一方だけでは,手詰まりになるが,両方を状況に応じて使って解を探していけば解決に向かえるだろうというわけです。解答1のように全部をしらみつぶしに考えるということはしなくて済むはずです。手順は次の図の通りになります。

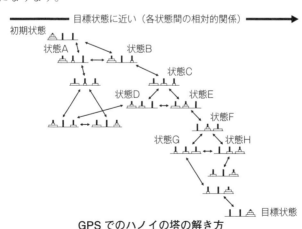

GPSでのハノイの塔の解き方
(市川伸一 編『認知心理学4 思考』東京大学出版会,1996,p.111 より)

あなたはどんなふうに考えたでしょうか。しらみつぶしに調べればわかるという解答その1は、ムダなことをやっているようにも見えますが、確実に解くことができる有効な方法です。

　解答2では、解決できるかどうかの絶対の決め手ではないけれど、問題解決に有効ではあると考えられる手段――目標分析と副目標の設定を取り入れているのが特徴です。こういううまい手を発見する手段を「ヒューリスティック」（ギリシャ語の「発見する」からきたことばです）と呼び、ヒトは実生活のいろいろな局面でこれを使っています。実は、こちらの解答2の戦略こそが人工知能研究の基礎を作ったハーバート・サイモン、アレン・ニューウェルのつくった一般問題解決プログラム「GPS」で採用された考え方で、いわばヒト独特の解決法発見の考え方を機械でも使えるようにしたというわけなのです。

　たとえば、対戦ゲームでどういう手を指すかを考えてみても、簡単なゲームなら1のようなしらみつぶしが効くかもしれませんが、もっと複雑なもの（たとえば将棋や碁のようなゲーム）になると考える手数が多すぎてすべての手を尽くすことができません。だから、このような経験的なヒューリスティックが必要なのです[6]。

　記号、計算を駆使した論理的方法の威力、そしてコンピュータによる研究はヒトのこころを解明する上で重要だということを、これらのプログラム開発でサイモンとニューウェルはのちの研究者たちにはっきりと印象づけました。と、同時に論理的な方法だけでは、なかなかゴールにたどり着けないということもわかってきました。やり方はわかっても探す対象が膨大になると計算しきれないのです。ヒトはそ

---

[6] 数学で漸化式を習ったとき、円盤がn枚あるハノイの塔の最少手順の数を求める問題を解いたことがある人もいるでしょう。円盤n枚のときの最少手順をa_nとすると、円盤$n+1$枚の場合は、n枚を真ん中に動かし、$n+1$枚目を一番右に動かし、真ん中のn枚を真ん中から一番右に動かせばよいので、$a_{n+1} = 2a_n + 1$という漸化式が成り立ちます。これを解くとn枚では最少で$2^n - 1$回の移動が必要とわかります。そうわかっても、具体的に解を示すのは難しいのです。

のような複雑な世界を相手にしてもなんとかやっています。それがGPSで使ったヒトらしい知恵の使い方である「ヒューリスティック」です。

1956年から，ヒトのこころに関する発表や注目される本の出版が相次ぎました。科学の世界ではときとして，同じテーマに関する大きな仕事が，あたかも相談したように一挙に現れることがありますが，これもその一例なのでしょう。まさに時は熟していました。認知科学研究は進みだしたのです。

一方，人工知能研究は，ヒトの知性をコンピュータの上に人工的に創りだそうというものですが，それにはヒトのこころの成り立ちと仕組みを明らかにすることも不可欠です。心理学，情報科学，言語学，神経科学，さらに哲学の研究者たちがそれぞれの方法を使ってヒトの知性の研究をすすめる認知科学研究は，ヒトのこころを研究する双子だったのです。ヒトのこころの研究をめぐって，研究の枠組みが変わるまさに「認知革命」と呼ぶべき状況が進みました。

ミトメ先生 ヒトのようにふるまう機械を作りたいというのは，人類の夢だった。コンピュータによる定理証明プログラムの成功は，その夢の実現に見えただろう。

マナブさん でも，ヒトは論理だけで動くわけではないだろう。そこがとても難しいだろうなあ。「機械みたいに冷たい」という言い方もあるね。

ミトメ先生 確かにそのとおりだ。論理だけでなく，ヒトのこころには多様な面がある。だからこそ，いろいろな研究領域の研究者が越境して集まる学際性が認知科学の本質なのだ。まとまりは緩いのだけれどね。

境界を越えて

1960年代の「認知革命」を経て、認知科学ということばが広まったのは1975年以後だといいます[7]。それまで、心理学、情報科学、言語学、神経科学、哲学などの分野の研究者がそれぞれの分野で追っていた「こころ」についての議論が、同じ場所でおこなわれるようになったのがこのころだったのです。米国では、60年代終わり頃から、ハーバード大学、カーネギー・メロン大学、マサチューセッツ工科大学などいくつもの大学に、認知科学研究（人工知能研究もおこなわれた）の拠点ができていきました。認知科学がひとつの学問分野として認知されて、盛んになったのです。1977年には、専門的に認知科学を扱う学術雑誌『コグニティブサイエンス（Cognitive Science）』が創刊、79年には認知科学会（Cognitive Science Society）が設立されて「一人前」の学問分野となりました。

Column　日本に認知科学がやってきたとき

1960年代から1970年代始め、米国へ留学して心理学を学んでいた人たちは、それまでの心理学の枠を超える認知研究の盛り上がりを体感していました。「この動きをなんとか日本に伝え、日本での研究の芽を育てたい」と何人かの研究者は考え、米国の中心的な研究者と交流を始めました。そのとき、まだ「認知科学」という日本語はなかったのです*。

東京理科大学理工学部に勤務していた心理学者の佐伯胖と情報・

---

[7] 1975年発行のカリフォルニア大学サンディエゴ校の心理学者ドナルド・ノーマンらの著書、コンピュータ科学者のダニエル・ボブロウらの著書に「認知科学（Cognitive Science）」ということばが使われました。

人間工学者の溝口文雄は1972年，東京で開かれた国際心理学会議の際，当時の認知ブームの立役者であるカリフォルニア大学サンディエゴ校の認知心理学者ドナルド・ノーマンらと交流，「日米合同の認知研究シンポジウムをぜひ，日本で開きたい」と申し入れました。佐伯は，慶応義塾大学の管理工学科を卒業後，米国ワシントン大学大学院で心理学を専攻，その分野が一新される「認知革命」を実感してきたのです。2人の提案に米国研究者は乗り気になったといいますが，それが実現するまでには，まだ時間がかかりました。情報処理を心理学に取り入れるという認知研究のあり方に注目した研究者は日本には当時ほとんどいなかったのです。

むしろ，認知科学の双子のかたわれである人工知能研究の方が日本では熱い注目を集めたようです。日本のコンピュータ研究の中核の1つだった電子技術総合研究所は1974年，マサチューセッツ工科大学で自然言語処理システムSHRDLUを開発したテリー・ウィノグラードを招待，5日間にわたるレクチャーを開きました。このレクチャーがきっかけとなって，人工知能実現のための研究としては，コンピュータの研究だけでなく，ヒトの知性に関する研究，つまり心理学，言語学など広い範囲の学際的協力が必要，ということが日本に浸透しました。その中心は，後に第5世代コンピュータ開発プロジェクトを率いた電子技術総合研究所の情報工学者，淵一博でした。以後，70年代後半から80年代にかけて，人工知能や認知研究に関する研究書がつぎつぎと邦訳され出版されるブームが起こったのです。

すでに紹介したように，米国では認知科学ということばが定着し，

---

* これより前，物理学から心理学に専攻を変えた戸田正直は1961年，ハーバード大学認知研究センター（Center for Cognitive Studies）に留学，その後有名になるSF的設定で環境と知性の相互作用を考察した「きのこ食いロボット」論文を1962年に発表しました。その後，北海道大学文学部に赴任，日本の認知科学の草分けの1人として多くの後進を育てました。

専門誌の発刊（1977年）や専門学会である認知科学会（Cognitive Science Society）設立（1979年）も実現，カリフォルニア大学サンディエゴ校で第1回の会議が開かれていました。この会議に出席していた2人の日本人のうちの1人であった溝口は，再度ノーマンに日米合同シンポ開催を呼びかけましたが，なんとすぐに内容や招待者などの詳細が詰められ，翌年の開催が決まってしまいました。

　準備のための勉強会が何回も開かれ，心理学者，コンピュータ科学者，言語学者など多方面から気鋭の研究者が参加して勉強を進めました。本番の「認知科学に関する日米シンポジウム」は1980年9月に東京で開かれ，米国からはノーマンを始めとする有力研究者が参加，日本からも心理学，コンピュータ科学，言語学など広く関係分野の研究者が集まりました。たとえば，戸田正直（北海道大），長尾真（京都大），淵一博（電子技術総合研究所），安西祐一郎（慶応義塾大），波多野誼余夫（獨協大）……彼らは，後に認知科学研究のリーダーシップを取った「認知科学の第1世代」といえるメンバーです。

　1983年，日本認知学会が設立されましたが，研究分野としての認知科学はだれでも知る存在にはなかなかなりませんでした。もともと，学際的でどんな研究方法も受け入れる柔軟さは，かえって1つの領域としての定義を難しくしたかもしれません。ノーマンは来日の際「認知科学というのは，自分が認知科学者だと思っている人がやる研究のことなんだ」と言ったと伝えられます。認知科学のリーダーたちは，それぞれの領域で「おもしろい研究」をやっていれば，「それこそ認知科学」と，若手を学会に引き込んでいったといいます（佐伯・溝口による）。日本の認知科学を担う人たちの熱気は去らず，80年代から90年代にかけては，認知科学関係の書籍が翻訳だけでなく，日本オリジナルの教科書，講座，そしておもしろい研究成果を集めた選書，モノグラフなどが次々と出版されました。21世紀になり，これからの日本の認知科学はどうなるでしょう。それはこれからお話したいと思っています。

■1章の読書案内

ここでは,認知科学にいたる道として心理学と情報科学の発展を中心に紹介しましたが,実は,さらに広い分野が合流して認知科学を成立させています。次のような本に詳細に紹介されています。

・安西祐一郎『心と脳――認知科学入門』(岩波新書,2011年)

これはコンパクトな1冊ですが,ハーバート・サイモンのもとで学び,認知科学の草分けの1人ともいえる著者が歴史から現状まで濃密な筆致で認知科学について多くの情報を紹介している良書です。

・ハワード・ガードナー『認知革命――知の科学の誕生と展開』(佐伯胖・海保博之監訳,産業図書,1987年)

認知科学の源流からその誕生,発展の歴史を詳細に描いた名著です。出来上がった知識を体系的に説く教科書とは違って,生々しい研究の様子がよくわかります。こういう認知科学の理解方法もありますね。

・パメラ・マコーダック『コンピュータは考える――人工知能の歴史と展望』(黒川利明訳,培風館,1983年)

人工知能研究の1980年代始めまでの流れを研究者の肉声とともに紹介しています。2004年にそれ以後の歴史もおさめた新版が出ていますが未訳なのが残念です。

さらに日本の認知科学の始まりについて読みたい人のために
・佐伯胖・溝口文雄「日本の認知科学はどのようにはじまったか」(『認知科学』8 (3), 198-204, 2001)
・佐伯胖『認知科学の方法』(コレクション認知科学1,東京大学出版会,2007年)

・石井加代子「心の科学としての認知科学」(『科学技術動向』40,
12-21,2004)
最後のものは,ここで触れなかったその後の認知科学の展開につ
いてまとめています。

こころをわかるために
——記号，表象，計算，意味，理解

2章

　認知科学は，大きな疑問に答えようとするふところが広くて深い科学です。たとえば，意味とはなにか，意味を理解するとはなにか，理解するとはどういうことか，というような疑問は，なにか1つの原理を打ち立てて特定の対象を理解したい，という物理学のようなやり方では本質的に答えられないものなのです。

　たとえば，字が読めるとはどういうことでしょうか？　眼で見た形はどう認識するか，その音との関係はどうついているか，その意味の理解はどうして身につけられたのか……考えてみればとても複雑な処理をヒトのこころはしています。ある特定の対象が引き起こす現象のメカニズムを理解するだけではなく，それが他の様々な現象とどう関係しているのかがわからなければ，こころの仕組みは解明できないのです。そもそも，認知科学では，この部分を研究する，という範囲さえ限定されていません。研究する学問自体のあり方まで考えるのだから，大きく視野を拡げなくてはいけません。ここではまず，認知科学になくてはならないいくつかの考え方について，その基礎を掘り下げてみます。

ミトメ先生　ヒトは，外界から得た情報を「表象」としてこころに置き，それを処理して何かの行動に結びつける。認知とはそういうプロセスだったといったけれど，それはどういうことだかわかるかい。

マナブさん　「こころの情報処理モデル」というのかな。もっとくわしく知りたい。

ミトメ先生　そうだね。こころを理解するのに必要なことがらを紹介し

ていこう。まずは、情報処理とはなんだろうか。

こころの働きを情報処理になぞらえる

　情報科学のやり方をまねてヒトのこころを考えてみましょう。
　まず、コンピュータでワープロを使ってなにか文章を書いているとき、どのように情報を処理しているか、なぞってみましょう。キーボードから入力した情報は、コンピュータのメモリ（主記憶装置）にとりあえず蓄積されます。たとえば「いぬ」ということばを入力すると、CPU（中央処理装置）は内蔵しているプログラムに沿ってそれを「イヌ」「犬」などのカナや漢字に変換します。そのうち適当なものを選んで確定させると、その情報はメモリからディスク（補助記憶装置）に転送され、長期間の保存ができるようになり、印刷などの出力も可能です……。辞書ソフトを使えば、イヌとはなにかという定義もわかります。まだまだ十分とはいえないが、入力した文章を英語やその他のことばに翻訳することもできます。そのプロセスは、たとえばこんな図で説明できるでしょう。

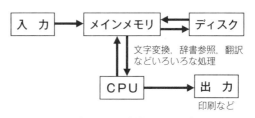

コンピュータの情報処理モデル

　このモデルでコンピュータの頭脳であるCPUがどんな電気信号を出し、記憶装置のICメモリやハードディスクにどんな情報が蓄えられているかなどの「細かいこと」は考えなくても、十分にその仕組み

新曜社 新刊の御案内
Sep.2022〜Mar.2023

■新刊

井上雅雄
戦後日本映画史　企業経営史からたどる

映画は製作会社，特に制作者・監督・俳優などが作るものと考えられがちだが，配給会社，映画館，観客など多くの人々が関わっている。戦後映画の「黄金期」を，産業として企業経営史の観点からたどり，従来の作品論とは全く異なった新しい風景を拓く。
ISBN978-4-7885-1781-3　Ａ５判512頁・定価5720円（税込）

林 英一
残留兵士の群像　彼らの生きた戦後と祖国のまなざし

敗戦後，帰国せずにアジアの各戦地で生きることを選択した残留兵士たち。彼らはなぜ残留を決意し，どのような戦後を歩んだのか。そして，祖国の人々は，彼らをどう眼差してきたのか。聞き取りや文献，映像資料を駆使し，残留兵士の実像と表象に迫る。
ISBN978-4-7885-1793-6　四六判352頁・定価3740円（税込）

烏谷昌幸
シンボル化の政治学　政治コミュニケーション研究の構成主義的展開

共通の認識や感情はいかにして集団の中から創出され，政治的な効力を発揮するのか。シンボル論という哲学的遺産を応用し，政治コミュニケーション研究の中核的な問いを追究する。この分野を根本から基礎付け直し，新たな展開へと牽引する意欲作。
ISBN978-4-7885-1784-4　Ａ５判336頁・定価3520円（税込）

石井大智 編著／清 義明・安田峰俊・藤倉善郎 著
2ちゃん化する世界　匿名掲示板文化と社会運動

日本発の匿名掲示板文化は世界をどう変えたのか？　2ちゃんねると社会運動の歴史的経緯，匿名掲示板のグローバル化と陰謀論の隆盛から，日本のみならずアメリカや香港の政治・社会問題やデモへのつながりまで。気鋭の論者らがその功罪を問う。
ISBN978-4-7885-1798-1　四六判240頁・定価2420円（税込）

■新刊

T. E. アダムス・S. H. ジョーンズ・C. エリス／松澤和正・佐藤美保 訳
オートエスノグラフィー 質的研究を再考し，表現するための実践ガイド

オートエスノグラフィーは，自分自身を対象として，生活や経験の要素である他者との関連性，混乱，感情も含めて批判的に再考する質的研究の方法で，注目を集めている。研究をデザインし表現するまでの勘所を簡潔にまとめた，定評あるテクストの完訳。
ISBN978-4-7885-1792-9　A 5 判 228 頁・定価 2860 円（税込）

サトウタツヤ・安田裕子 監修／上川多恵子・宮下太陽・伊東美智子・小澤伊久美 編
カタログTEA（複線径路等至性アプローチ）　図で響きあう

人びとのライフ（生命・人生・生活）のありようを図を用いて分析する TEA。研究領域が広がり，理論的にも進展するなかで，創意工夫が積み重ねられてきた。本書は魅力的な図の研究例を満載した見本帳で，TEA の歴史や基礎知識も学べる初学者必携の書。
ISBN978-4-7885-1797-4　B 5 判 112 頁・定価 3080 円（税込）

鈴木朋子・サトウタツヤ 編
ワードマップ 心理検査マッピング 全体像をつかみ，臨床に活かす

実践の場でよく使用される 41 の心理検査（群）をとりあげ，それぞれの特徴を簡潔に解説すると共に，心理検査の全体像に照らして理解できるよう，四象限マトリクス上にマッピング。個別の検査解説を開発者や使用経験豊かな研究者が執筆した，これまでにない入門書。
ISBN978-4-7885-1785-1　四六判 296 頁・定価 3080 円（税込）

J. デルヴァ・P. A-ミアーズ・S. L. モンパー／森木美恵・米田亮太 訳
文化横断調査【ソーシャルワーク研究のためのポケットガイド】

異なる文化的背景をもつ集団が抱える問題や価値観を，安易にその文化の特徴としてしまうことなく，文化的要因と他のアイデンティティ要因との相互作用として多面的に理解するために有効な研究プロセスを，実際の調査研究に即して懇切に紹介。
ISBN978-4-7885-1788-2　四六判 216 頁・定価 3080 円（税込）

中尾 元 編著／渡辺文夫 監修
異文化間能力研究 異なる文化システムとの事例分析

世界が混迷を深めるなかで，人々が互いを否定することなく関係を築き，共に生きるために重要な態度・能力とは何か。異文化間研究の様々な理論と多様な背景・分野で生きる 12 人が直面した事例とを有機的に結び，異文化間能力の諸テーマについて学ぶ。
ISBN978-4-7885-1802-5　A 5 判 264 頁・定価 3630 円（税込）

■社会学

R. コンネル／伊藤公雄 訳
マスキュリニティーズ　男性性の社会科学

男らしさの複数性や相互の権力関係，男性性と社会構造との密接な関連性など，男性学の基本的視座を確立した古典的文献。
ISBN978-4-7885-1771-4　A 5 判456頁・定価8580円（税込）

赤川 学・祐成保志 編著
社会の解読力〈歴史編〉　現在せざるものへの経路

史資料をもとに，一つの物語として「歴史」を描き出す。実証と向き合いつつも素朴な実証主義に陥らない，歴史社会学の挑戦。
ISBN978-4-7885-1757-8　A 5 判248頁・定価3520円（税込）

出口剛司・武田俊輔 編著
社会の解読力〈文化編〉　生成する文化からの反照

文化の解読を経て，その土壌となる社会的文脈の解読へ。私たちを新たな意味と解釈の地平へと誘う文化社会学の醍醐味。
ISBN978-4-7885-1758-5　A 5 判256頁・定価3520円（税込）

清水 亮　　　　　　　　　　　　　　　　　　　　　東京大学而立賞受賞
「予科練」戦友会の社会学　戦争の記憶のかたち

「予科練くずれ」と蔑まれた元少年航空兵たちは後に立派な記念館等を建立する。彼らの隠れたネットワークを開示した意欲作。
ISBN978-4-7885-1761-5　A 5 判256頁・定価3520円（税込）

庄司興吉 編著
ポストコロナの社会学へ　コロナ危機・地球環境・グローバル化・新生活様式

コロナ禍を契機に地球環境問題を生産パラダイムからとらえ直し，身体，地球，歴史，社会を接続して考える今日の社会学の挑戦。
ISBN978-4-7885-1755-4　A 5 判216頁・定価2860円（税込）

■観光人類学

橋本和也
旅と観光の人類学　「歩くこと」をめぐって

観光とは地域を歩くことであり，歩くことは迷うこと。観光まちづくりや地域芸術祭を歩き回った体験から「観光」を問い直す。
ISBN978-4-7885-1763-9　四六判304頁・定価3080円（税込）

山下晋司・狩野朋子 編
文化遺産と防災のレッスン　レジリエントな観光のために

大規模災害の頻発で文化遺産も危機にさらされている。文化遺産とともに生きることの意味を「レジリエンス」を手がかりに考察。
ISBN978-4-7885-1780-6　A 5 判216頁・定価2750円（税込）

■文学・哲学・経営学

私市保彦
賢治童話の魔術的地図　土俗と想像力

民俗的なもの，科学的なもの，宗教的なものの混交する賢治童話の「魔術的宇宙」の謎に，世界文学の視点から多面的に迫る。
ISBN978-4-7885-1762-2　四六判256頁・定価3190円（税込）

長島要一
森鷗外　「翻訳」という生き方

鷗外にとって翻訳とは「文化の翻訳」であり，生きることそのものだった。鷗外文学に翻訳の果した役割を具体的多面的に探る。
ISBN978-4-7885-1776-9　四六判290頁・定価3080円（税込）

倉田 剛　　　　　　　　　　　　　　　　　　　　　　　　**重版出来！**
論証の教室〔入門編〕　インフォーマル・ロジックへの誘い

論理的になることができる能力を，インフォーマル・ロジック（非形式論理学）を通して身につける，論理学の新しい教科書。
ISBN978-4-7885-1759-2　A5判336頁・定価2970円（税込）

佐藤典司／八重樫 文 監修・著／後藤 智・安藤拓生 著
デザインマネジメント論のビジョン　デザインマネジメント論をより深く学びたい人のために

ものごとに新たな意味を与え，組織や社会を導くために必須のデザインマネジメント。その考え方と手法，最新理論を簡明に説明。
ISBN978-4-7885-1766-0　四六判264頁・定価2640円（税込）

■心理学・リーダーシップ論・キャリア形成

I. L. ジャニス／細江達郎 訳　　　　　　　　　　　　　　　　**好評2刷！**
集団浅慮　政策決定と大失敗の心理学的研究

なぜ聡明な人々が議論を重ねたのに重大な失敗となってしまったのか。米国の政策決定を事例に集団に働く心理学的過程を解明。
ISBN978-4-7885-1770-7　四六判600頁・定価4730円（税込）

小俣貴宣 編著／原田悦子 編集協力
価値を生む心理学　人と製品・サービスを結ぶ科学

グローバル化，多様化する時代，モノづくりとサービスに心理学は欠かせない。心理学人材を活かすための具体的方策を提言。
ISBN978-4-7885-1772-1　四六判240頁・定価2860円（税込）

佐藤公治
ヴィゴツキー小事典　思想・理論・研究の構想

多岐にわたる重要な著作をとりあげ，思想・理論だけでなく，その背景にある研究構想まで含めて一冊で理解できるように解説。
ISBN978-4-7885-1779-0　四六判304頁・定価3080円（税込）

を想定することができます。

外からの情報を得て，蓄積するヒトの「記憶」も同じように考えられるでしょうか？ コンピュータになじんだ心理学者により，こんなモデルが作られました。

見たり聞いたりして得た（入力された）情報は，まず脳内の「短期貯蔵庫」に入ります。この貯蔵庫はごく小さな容量しかなく保持できる時間も短いとされています。情報を繰り返し反復するというような作業をしない限り，すぐに記憶は消えてしまいます。一方，十分に反復作業がなされた情報は，脳内で短期貯蔵庫とは別にある「長期貯蔵庫」に転送されます。ここに入ると，記憶はなかなか消えず，必要に応じて取り出して使うことができるのです……。この説明は，記憶の二重貯蔵モデルといわれます（文献 [3]）。

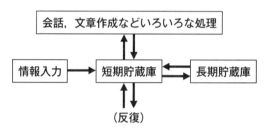

人間の記憶の二重貯蔵モデル

もちろん，「記憶」という現象を生物学的に細かく見れば，神経細胞の複雑なネットワークの中で，細胞の興奮がいろいろな物質の受け渡しで伝達されるうちに神経同士の結合の様子が変化するなどの結果，起こっているとされる現象です。神経科学では神経細胞や脳の領域の働きについて研究が進んでいます。しかし，そんな細かいことを考えなくても先ほどの二重貯蔵モデルはよくわかります。心理学の実験は，このような2種類の「記憶貯蔵庫」が存在することを明らかにしたのです。

大きな枠組みで理解する

わたしたちの世界は,細かいミクロな世界から大きなマクロの世界まで階層的にできています。わたしたちヒトを考えてみても,たんぱく質や核酸→細胞→皮膚などの組織→器官→個体→社会→地球……とそれぞれの階層で特徴のある構造と働きを持ちながら,次の階層を支えています。今の科学はどんどん要素的なものに分解・分析して,ミクロから説明しようとするものが多いのですが,それが万能のやり方とは限りません。認知科学において情報科学的なやり方をまねて考えるという枠組みでは,神経細胞というようなミクロな構造・メカニズムを具体的に想定しなくても,さきほどの記憶の二重貯蔵モデルのように,こころの現象のよりマクロな構造・メカニズムで説明できるということで,とてもわかりやすくなるのです[1]。

もちろん,実際の記憶機能がモデルに合うように働いているかどうかは,さらなる実験で確かめなければなりません。その過程で「貯蔵庫」の種類は2種類以外にもあるかとか,その容量はどのくらいかとか,時間的な特徴はどうかとか,いろいろな確定すべきことが出てきます。それは,モデルの枠内で実験を重ねて調べることができるし,ミクロを追う神経科学でも,マクロな情報処理モデルの枠組みでわかったことを前提として追求している状況もあります。分子生物学や発生生物学などミクロな生物学が発達する今,認知科学とあいまってこころの探求は進んでいます。

---

[1] 記憶に関するこのような認知心理学的(情報処理モデルを取り入れた心理学はこう呼ばれるようになっています)研究は1960年代からおこなわれるようになり,詳細な成果が出ています。一方,ミクロな神経科学においては,たとえば代表的な教科書『カンデル神経科学』(メディカル・サイエンス・インターナショナル,2014年)では,記憶と関連する学習の神経的メカニズムについて3つの章を費やして記憶について解説しています。記憶に関する脳の部分としては海馬が注目されています。

情動を伝える2つのルート

　脳にある情報処理系の処理の様子が神経科学と認知科学という2つの立場から解明されてきた例として，怖れなど情動（emotion）をコントロールする仕組みを紹介しましょう（詳細はこの本と同じシリーズの『コワイの認知科学』をお読みください）。

　山を歩いていて突然ヘビなどに出会ったとき，怖れを意識するより速く，飛び退いて避けたり，心臓がドキドキしたりするのを経験したことがあるのではないでしょうか。

　脳に扁桃体という領域があります。脳の奥の方，大脳辺縁系というところにあってアーモンドの実に似ているところから，その名が付いています。ヒトの扁桃体を電気刺激すると，怖れや怒りの感情がわいてくることが知られており，ここが情動を伴った行動に重要な場所だと以前から考えられていました。一方，生理学的な研究から，扁桃体は血圧や心拍を上げたり，筋肉を刺激して収縮させたりする働きがあることもわかっています。神経科学者のジョセフ・ルドゥーは，扁桃体につながる神経がどういう道筋をたどっているか，情報の入力系をくわしく調べました。すると，感覚系からの信号が2つのルートで扁桃体に入ることがわかりました。1つは感覚系から視床，さらに大脳皮質の感覚情報を処理する部位を経てから入ってくるもの，もう1つは視床から直接入ってくるものでした。前者は回り道をするが後者は直接刺激が扁桃体に達します。その時間を測ってみると後者は12ミリ秒ですが，前者はその2倍もかかります。2つも入力経路があるのはどうしてなのでしょうか。

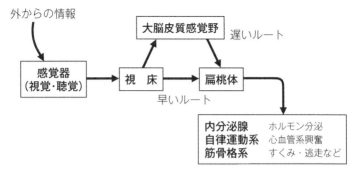

情動を伝える早いルートと遅いルート

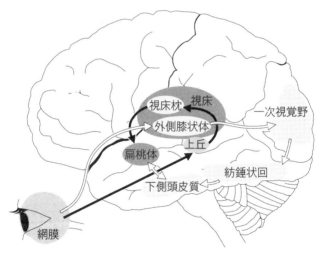

情動情報と扁桃体

　ルドゥーが考えたのはこんなストーリーでした。知性を司る大脳皮質の処理を経るとその情報はどういう意味を持つのかきちんと判断されます（たとえば棒きれとヘビをちゃんと区別するということ）。このルートで扁桃体に入ってくるのはきちんと相手を見定めた詳細な情報というわけなのですが，欠点は処理するのに時間がかかってしまうことで

す。これに対して扁桃体に直接入力された情報は，意味ははっきりとはわからないけれどとにかく早く届きます。棒だかヘビだかわからないけれどそのようなものを見たら，とにかく危険を避けるために反応する方が自分の安全を守るにはいいはずです。まさかの危険回避のために，怖いというような情動には二重のルートが確保されたというわけです。

　こころの働きを情報処理になぞらえて考える，というやり方＝情報処理モデルが認知科学を支えていることがわかったでしょうか。ヒトの心も計算機のような仕組みに情報を流して処理しているわけです。それまでのこころの働きの考え方を，このように切り替えるだけで，世界が大きく広がります。

マナブさん　確かにこころのメカニズムを「機構図」あるいは「流れ図」のような形で書くとメカニズムがわかったように感じる。

ミトメ先生　こころというような見えないものを考えるとき，その本質を目に見えるように表すのは大切なことだろう。考える大きな手がかりになる。それがモデルを作ることの意味なのだろうね。

マナブさん　なるほどね。モデルを作れれば，それを前にして，いろいろ議論をすることもできるわけだ。

ミトメ先生　ヒトのこころという存在を説明するには，記号の形式的扱い，つまり数学の式変形のような手順を考えるとわかりやすい。これからすこし面倒な話になるけれどついてきてほしい。

マナブさん　コンピュータの情報処理というものは書かれたプログラムを見ればわかるように，もともと記号で書かれた形式的なものだね。それになぞらえるためにもモデルということを考えるのが必要なのか。

ミトメ先生　そうだね。まず，形式あり，とすると，ものごとがシンプルになる。考えやすい。他の枠組みになぞらえてみることも新しい発想の源になる。

形式的に扱う＝計算論的扱い

「こころの中での情報処理」とはどういう性質を持つもので，それを取り入れることでどういう利点があるのか，考えてみます。

認知科学が成立しつつあるとき，情報処理モデルを利用するメリットに気がついた人たちは，こころも機械も同じようなことをしているのではないか，と考えるようになりました。そのポイントは，両方ともいろいろな情報を「記号」として「形式的」に扱っているという見方でした。

たとえば，なじみのある掛け算をする時のことを考えてみましょう。

```
      47
 ×    83
 ─────────
     141
    376
 ─────────
    3901
```

という計算をするとき，私たちはどのようにしているでしょうか。47という数，83という数の大きさを具体的に捉えて考えているわけではありませんね。掛け算の基本である九九とくりあがりの規則を使って計算しているはずです。この規則を知らなければ，縦に47個の碁石を並べ，横に83個の碁石を並べ，空いているところに碁石を全部並べて，それを全部数える……こんな方法を取るかもしれませんが，実際には誰もしません。

……3・7で21, 1だけ書いて2繰り上がり3・4が12と足して14……という具合に計算の規則通りに扱って，答を出しているのです。

こういうとき，それぞれの数字がどういう個数を表しているかという「意味」は忘れていいのです。そんなものは忘れてしまっても「手続き」さえわかっていれば計算はどんどん実行できます。それはここ

2章 こころをわかるために——記号，表象，計算，意味，理解

ろでも機械でもおなじで，意味から離れた方がかえって処理しやすいのです。

　たとえば「4」という記号を考えてみましょう。これは「4」という形をした字とも「そこに4つのものがある」とも捉えられます。ローマ数字なら「Ⅳ」という書き方を思い起こしてもいいし，二進法で「100」とも書けるとしてもいいですね。「4つのものがある」なら「・・・・（4つの点・で4の意味を表してみました）」と書いてもいいでしょう。こう並べていくと，確かに，記号には「形式」と「意味」の両方が備わっていることに気がつきますね。先ほどの「掛け算」をしているときには，4の意味など忘れて，4に3を掛けたら12，8を掛けたら32，それに前からの繰り上がりを足す……という形式的なルールで十分だというわけです。このような考え方が計算主義，あるいは記号主義と呼ばれる立場です。

　こころも，これと同じように，記号と別の記号から，規則に従って新しい記号を生み出していると考えてもよさそうです。それがこころの中での「情報の処理操作」だというわけです。ここで扱われている「記号」はこころの中では，目の前の世界に存在する具体的ななにかに対応しています。それが前の章で触れた「表象」というわけです。「計算」といっても必ずしも「数の計算」ということではないことに注意してください。コンピュータでも数だけでなく，文字や画像，音などいろいろな情報を処理して新しいものを産み出すようになっていることを思い出してください。「計算」ということばの意味を拡げて，このような広い意味での記号の処理を考えることを計算論的な扱いといいます。

　こころの中の表象である知覚情報，イメージ，記憶，概念，ルールなどにそのような処理をして，思考や判断をしていく，というのが「こころの働き」であると見る立場が，「心の計算－表象的理解（CRUM = Computational Representational Understanding of Mind：カナダの認知科学者ポール・サガードによる）」です[2]。これは，認知科学がこころ

を研究するための標準的な枠組みとされています。

マナブさん 意味を忘れてもいい記号なんて無味乾燥な感じがする。そんなことを考えないといけないのか。こころとはもっと内容のある豊かなものではないのか。

ミトメ先生 ヒトは，なにをもってなにかを「わかる」とするのか，「意味がある」とするのか，という認識にとって根源的な問題を問うというのが，認知科学のあり方だ。脳やコンピュータでも，神経細胞やエレクトロニクス素子などミクロ的世界まで降りていけば，そこには「わかる」も「意味」も消え失せてしまう。そういう状況の中で，どうしてヒトはわかったり意味を感じたりするのか。その謎を解きたい，というのが認知科学なのだ。

マナブさん そこまで根本に戻って考えるのか。なるほど。

計算主義・記号主義とレイヤー

　ここまでお話したことを，もう1回まとめてみましょう。心理学，情報科学，言語学，神経科学，哲学などの領域で，こころの問題を追っていた研究者たちが，それまでの枠を超えて情報処理モデルという視点から集まったのが認知科学という研究分野になりました。それぞれの研究者は自分の得意な方法を使って問題に挑みますが，全体像は各領域のいろいろな成果を総合しないととらえられません。それはこころというものはミクロからマクロまでいろいろな階層で違った特徴が

---

[2] あとで説明するニューラルネット（あるいはコネクショニズム）という新しい計算方法では，表象の性質がこれまでのすぐにこれとわかる表象とはやや違う分散表象（シンボルのような1つにまとまったものではなく，たとえばたくさんの数字のあつまりで表されるというような表象）というものです。記号を使い，見て「これはあれだ」とわかる表象を計算するという立場を古典的計算主義とも呼びます。

見えるからだといえるでしょう。そういう意味で認知科学は本質的に「学際的」だといえます。

　学際的ということは,モノの見方がいろいろある,ということですね。どれくらいの倍率で現象をみているかという水準から考えれば,認知科学を作ってきたいくつもの領域が見ているスケールは,ミクロからマクロまでいろいろありなのです。たとえば,神経科学なら1000分の1ミリレベルの神経細胞を扱いますが,心理学や言語学では1人のヒトをまるごと扱っています。最近のイメージング技術の発展で,fMRI（ファンクショナル・エム・アール・アイ,機能的磁気共鳴映像）を使った研究では,1人のヒトでも「脳の前頭葉のこの辺り」という部分の働きが次第に明らかになっています。

　そのような認知科学の「特徴」を反映し,具体的なこころの現象を分析するとき,どのくらいの大きさのレベルの話なのかというのを,階層（レイヤー）に分けてはっきりさせると勉強しているものにはわかりやすくなります。「ああ,これは細かいレベルの話だな」「これは大きな個体レベルの話だな」ということがわかると,ものごとを把握しやすくなるのです。

　神経細胞から脳へ,というミクロからマクロへの道筋を考えてみましょう。1個の神経細胞には思考もなければ意識もありません。ただ,「発火」と呼ばれる神経細胞の興奮状態があって,それを次の神経細胞に伝えるという状況だけしかないのです。その状態がなにかしらの情報を担っているとしても「意味」は見えません。しかし,多くの神経細胞がお互いに結合しあってネットワークを作り大きくなっていくと,いろいろな機能を持つようになり「意味」の萌芽が出てきます。そして,ヒトは脳全体を使って,推論,思考ができるようになり,意味を考えることができます。こころや脳について理解しようとすると,常にこのようにいくつものレベルで考えることが必要だということがわかります。

　今度はいろいろな大きさのレベルのものをミクロからマクロへと概

念的に並べてみましょう。脳・神経科学なら、神経細胞・ネットワーク回路のレベル、いろいろな機能のレベル、日常的な概念のレベルという具合に分けて考えることができます。計算主義的な認知科学で考えるのは、実際にある物理的なものまで考えるべきレベル、もう少し抽象的にして記号・情報処理で扱えるレベル、そしてもっとマクロに日常的な意味のレベルと分けています。各レベルでは、対象そのものもそれを取り扱う方法も違います。たとえば、個人に課題を与えて実験する心理学的な方法、課題に対する脳や神経細胞そのものの反応や活動を見る神経科学的な方法[3]、さらには論理、あるいはルールという規則のもとに、表象を計算するコンピュータ・シミュレーションでこころの仕組みをなぞる情報科学的な方法など、それぞれ方法に固有の特徴があります。研究の対象に共通性があれば、研究方法が違っても同じことばで議論できる場合が多いのですが、それは、もともと分野を超えて研究者が集まっている認知科学ならではの強さかもしれません。

こころに関して同じ現象を見ていても、下（ミクロ）のレイヤーでは形式的計算だけで成り立っていて、大きな「意味」というようなものが出てくる余地がない場合が多いのです。しかし、上（マクロ）のレイヤーへ行くに連れて、きちんと大きな「意味」が出てこなければいけません。その間をつなぐことはなかなか難しいのです。結局、いろいろなレベルで認知現象を見ていかないと、ヒトのこころはわからないというのが結論かもしれません。たとえば、記憶というこころの現象を見ていて、心理テストの結果と記憶をつかさどる脳の部分の働きを直接つなぐ、というのは難しいのです。

さらに言語とか運動とか入出力情報の様式の多様性もあり、いろい

---

[3] 神経細胞に極細の電極を刺してその活動を見る方法、脳活動を脳が出す電位の変化（脳波）で見る方法、断層画像を得て血流変化などを見る方法（fMRI や PET ＝陽電子断層画像）など多くの方法が、脳と神経の活動観察に使われています（p. 91 Column 参照）。

ろな成果を得た上で総合的に考えることが大切になります。どこかのレベル，どこかの様式に特化してしまうと全体像は見えないというのが認知科学者の共通認識です。ある現象があっても，その現象そのもののメカニズムを単に理解するというだけではなくて，そもそもその現象というのは，他の様々な現象とどういうふうに関係しているのか，など自らの研究や興味自身だけに集中することなく，問題を切り取らなくてはならないのです。

　そのような認知科学の研究の中で，くり返しになりますが基礎となるのは，計算論的な考え方，計算モデルです。計算とは，表象＝データに対する形式的な操作のことでした。規則が明らかになっていれば意味がわからなくても，操作ができます。そもそも意味を含まない計算モデルから，最終的に意味が生じるのはどうしてかということを突き止めたいというのが，認知科学の究極目標なのです。狙いをここに定めるのが認知科学の計算主義・記号主義といわれる立場で，これは正統派といわれてきました。

　これまでの話は，ちょっと抽象的でわかりにくいかもしれませんね。一応，このような枠組みということだけ覚えておいてください。これから話を進めて，今のような議論をヒトのことばについて具体的に当てはめ，情報処理モデルでできることをいろいろな方向から考えてみたいと思います。

ミトメ先生　ヒトはことばを使えるという他の動物にはない能力を持っている。これがこころの力を段違いに上げているといえるね。

マナブさん　ことばを持たない動物でも飼い主の考えていること，いうことがわかるんじゃないか。うちのペットとつきあっているとそう思う。

ミトメ先生　動物はどこまでわかっているだろうか。認知科学者がネコと暮らした経験について話をしているからちょっと聴いてみよう。

ことばのないネコ，知性と言語

「私ね，家のネコにしつけをしたいわけ。「食卓に乗るな」って。でもそれは，ネコにとっては究極的に難しい」と，この本の著者の1人で子どもの言語発達に興味を持つ今井むつみはいいます。

ネコの気持ちになると，高いところがあったら飛び乗るというのは自然です。飛び乗っていいところ，つまり飛び乗っても飼い主に怒られないところはたくさんあるのです。「でも，どうして，ここ，食卓はいけないのか，っていうのは言葉でしか説明ができない」と今井はネコのことを考えながらいうのです。

「ここに登っちゃダメ」とネコに言ってみます。しかし，まずネコには「ここ」という概念の理解が難しいのです。それでは，ある行動をしたら必ず罰を与えるという条件付け（つまり，しつけですね）をしてみましょうか。でも，これもなかなか難しいのです。しつけの目的についてネコが解釈する幅がありすぎてうまくいかないからです。たとえば，ネコを怒っても，跳び上がることに対して怒られているのか，動くことに対して怒られているのか，何に対して怒られているのかがわかりません。飼い主が怒る状況を見れば，行動の怒られる対象になるものは無限にあります。一方で，ベッドに乗ってもソファーに乗っても怒られないのに，なぜ食卓に乗ると怒られるのか……。ネコの気持ちになれば，「なんで怒られているのかわかんない……」なのでしょう。

食べ物を見つけたネコはそれに近づきたいというのが自然でしょう。それで怒られるのなら，自分のエサにさえ近づけなくなってしまいます。それはネコには無理というもの。食卓が食べ物と深く結びついているものだということ，食卓にある人間の食べ物とネコの食べ物は違うということもわからないといけないのに，ネコにはそれもとても理解が難しい問題なのです。

計算主義・記号主義的に考えてみましょう。

「机」という基本的な記号に，次第に「食事」というこれも基本的な記号が結びつき，「許されること」「許されないこと」などの意味も帯びるようになります。それらが組み合わされて「食卓」や「乗ってはいけない食卓」などというさらに複雑な概念が構成されていく……ヒトの概念，あるいはことばが組み立てられていく道筋が成り立つ様子が，計算主義・記号主義のアプローチを使うと明らかになっていきます。

一方ネコは，「高いところ」とか「エサ」とか「机」という記号は理解できますが，「食事」と「机」を組み合わせた「食卓」というもうちょっと複雑な記号を「計算」できません。ネコとヒトでは，記号のあり方，計算の仕方がだいぶ異なるようです。食卓に乗ってはいけないということをネコに教えようとした今井は，ヒトのような基本的な概念を記号で表し，さらに別の記号を組み合わせて複雑な概念・記号をあらたにつくっていく能力をネコが持たないため，その種のしつけがうまくいかないということに気づきました。

「ネコの理解の仕方と人間の理解の仕方はかなり違う，そこにはことばのあることとことばのないことの違いがあらわれているのではないでしょうか」というのが今井の締めのことばでした。

ミトメ先生 ネコとヒトを比べてみると，ヒトがことばを持つということがとても大事なことのようだ。確かにことばの能力というのはとてもふしぎだね。
マナブさん ことばに関してどんな情報処理が関係しているんだろう。
ミトメ先生 問題はものすごく多いのだけれど，その中からヒトがことばを獲得するということを見てみよう。とてもスリリングな話だ。

ヒトのこころとことば

　ヒトのこころとヒトのことばは切っても切り離せません。ヒトとヒトとのコミュニケーションが，ヒトとペットの間のコミュニケーションと違うのは，まさにことばの有無によるのではないでしょうか。

　ヒトがことばを操るシステムを考えてみましょう。まず必要なのは「材料」となることば，単語の獲得です。ふつうの高校3年生がこころの中に持っていて自由に使えることばは6万語ほどといわれています。18年間は6600日ほどですから，1日にすれば10語弱を毎日覚えてきた勘定になります。一方で生まれたばかりの赤ちゃんは1つもことばを知りません。親が語りかけても，通常，1歳少し前になってやっとことばをぽつぽつとしゃべるようになります（最初のことばは初語といいます。あなたの初語は何だったでしょう？）。それから半年も過ぎると，使えることばは日々どんどん増えていきます。1日に新しい言葉をそれこそ10語くらい覚えることもあるといいます。それこそ爆発的に増えるので「語彙爆発」という名前がついています。使えることばは，2歳で100語，3歳で1000語にも達するそうです。

　幼児は，いちいちすべてのことばの意味と使い方を誰かに教わっているわけではありません。まわりの人たちがしゃべっているのを耳で聴いて，単語として認識し，それが指しているものを判別し，似ているものと区別し，どういうことばの仲間（カテゴリー）に入るのか判断し……，という複雑な手続きをつぎつぎとやっているのです。これはすごいことです。

文を作る能力は生得的か？

　ヒトがきちんとわかる「文」を作る文法の獲得能力をヒトはうまれついて＝生得的に持っている，と言語学者のノーム・チョムスキーは，主張しています。この主張は，いわゆる「生成文法」という言語理論

の基礎で，今の認知科学的な言語学の基礎となっています。

チョムスキーの考えは，言語の文法というものは，日本語，英語，中国語など個別の言語の形式に関係のない普遍的な形で，しかも言語という認知機能に特化された形で，ヒトが生得的に持っているものだということです。言い換えれば，文法の基本的な構造はすでに生まれたときからすべてのヒトの頭に同じ形で存在していて，「子どもは言語を学習する必要はない」というほどの強い主張です。その機能は，言語に特化していて，言語以外の事に関する認知能力とはまったく違う認知のありかただ，という考え方です。

ただし「何が生得的か」という問題を巡っては，認知科学の研究者の間で大きく意見がわかれています。みながチョムスキー賛成派というわけではありません。たとえば，チョムスキーは，持っているたくさんのことば＝語彙はヒトの「言語能力」の中に含まれないとするのですが，認知科学の研究者たちには「語彙こそが言語能力の中心」と考え，そのことばの使い方をベースに文法が発生したとする人も多いのです。また，ヒトは一般的に持っている推論の能力を使って言語も学習する，とも考えます（4章も参照）。

つまり，チョムスキー派が言語でもっとも大事とする原則に真っ向から反対する反チョムスキー派もたくさんいます。認知科学の中で今も続くチョムスキー派と反チョムスキー派の論争の中では「何が生得的か」という問題は中心的な議論の1つです[4]。

ヒトに固有な言語能力

言語を持ち，言語を使ってコミュニケーションをとり，言語を使って思考するという特殊な認知の能力が，ヒトに固有な能力だというこ

---

[4] この問題について，反チョムスキー派の考えを知りたい人は，ジェフリー・エルマンほか『認知発達と生得性――心はどこから来るのか』（共立出版，1998年）やマイケル・トマセロ『ことばをつくる――言語習得の認知言語学的アプローチ』（慶應義塾大学出版会，2008年）を読んでください。

とは誰も反対しないでしょう。もちろんヒト以外の動物もなんらかの記号を使ってコミュニケーションをとることもありますが、ヒトの言語とはまったく質、量とも比較になりません。だから、コミュニケーションをするからといって「言語を持つ」ということはできないのです。

　ヒトは6万語ものことばを持っているのですが、頭の中でずらっと並べてあるだけではありません。それをうまく使えるようにある単語と別の単語を関係づけたり、意味の近いものをまとめたりしてシステム化している「心内辞書（メンタルレキシコン）」を持っています。そのメンタルレキシコンを使って、コミュニケーションをとるだけではなく、思考し、思考を深め、新しい思考を創りだしていくのがヒトです。こんなことはほかの動物にはできません。

　メンタルレキシコンはいったい、どのようにこころの中に作られ、どのように働いているのでしょうか。メンタルレキシコンと思考の関係はどのようになっているのでしょうか？　これは、チョムスキーの考えが正しいか、正しくないか、という論争を超えて、ヒトのこころの仕組みを捉えるうえで、とても大事な問題です[5]。

ことばを獲得するとき

　わたしたちはことばをどうやって獲得してきたでしょうか。小さな子供にかえったつもりで考えてみましょう。

　子どもがことばを学ぶというのは、「お父さんやお母さんからことばの意味を直接教わり、間違えたら直してもらって正しい使い方を覚えていく」ということだと考えていませんか？　これはまったく現実にはあっていません。それはただ言い間違いを直すというようなもの

---

[5]　くわしくは章末に紹介した『言葉をおぼえるしくみ』を参照してください。

2章 こころをわかるために——記号，表象，計算，意味，理解

ではなく，赤ちゃんに語学レッスンをするようなものです。そんなことをするお父さん，お母さんを見たことがありますか？ ないでしょう。子どもは，ことばを聞いたり発したりしながら，まわりの様子やこちらの反応にまわりの人がどう返すかなどを見ては，その使い方を学んでいきます。教えられなくても，自分自身の力でことばを分析し，意味を「推論」しながら身につけていくのです。すごいですね。そのときに使う推論する能力がどういうものなのかが，ことば獲得の大きなポイントとなります。

どのような推論を子どもはしているのでしょうか？ あること（A）をすると，別のこと（B）が起こるとします。AとBはいつもいっしょに起こることもあるし，いつもいっしょではなくてある確率で起こることもあります。そういう経験をすると，Aに対応するのはBである，とかAが起こるとBが起こることを予測できるようになります（たとえば，いたずらをする→怒られる，同じことをするたびに怒られることが多い→このいたずらをすると怒られることが予測できる，しないでおこう……というように）。このような思考をする能力は，心理学の用語でいえば，連合学習，統計学習といいます。この能力は，ヒトだけではなく，いろいろな動物が持っていることがわかっています。イヌやアシカ，イルカなどに芸を仕込んで学ばせることができるのは，動物がこの学習の能力を持っているからです。この刺激が提示される⇒あの行動をとる⇒餌がもらえる，という系列を彼らは学習することができるというわけです。

では言語も同じように連合学習や統計学習で覚えることができるのでしょうか？

たとえば「ママ」「ミルク」や「哺乳瓶」などは赤ちゃんがもっとも頻繁に耳にすることばですが，その意味を推測するためにどのような心の働きが必要か考えてみましょう。お母さんは赤ちゃんをあやしながら，「私がママよ」と言ったり，「はいミルクですよ」と哺乳びんに入ったミルクを与えます。そういう経験を何度もすれば，連合学習，

統計学習によって自動的に「ママ」の意味や「ミルク」の意味を赤ちゃんは理解できるでしょうか？

このようなことばの教え方でチンパンジーにことばを覚えさせようとしたプロジェクトが、一時期、世界のいろいろな研究所でさかんにおこなわれました。京都の霊長類研究所でもこの試みがなされました。コンピュータ上に何種類かの図形の記号を提示します。それぞれの記号は靴、バナナ、リンゴなどのモノに対応付けられています。チンパンジーは、最初はそれぞれのモノにどの記号が対応づくのかを知りません。図形の並びの中から記号のどれかを選ぶ（図形の描かれたキーを押す）ようにすでに訓練されていたチンパンジーに、今度は図形の並びといっしょにモノを見せます。チンパンジーはどれかの図形を選びます。たまたま実験者がそのモノに対して想定した図形を選べたらごほうびをもらえます。何十日もかけて、なんどもなんども試行錯誤を繰り返しながら、チンパンジーはモノと図形の組み合わせをいくつか覚えました。

ヒトの赤ちゃんもチンパンジーと同じように連合学習、統計学習によってことばを覚えているのでしょうか？

これを考えるうえで興味深いエピソードを紹介しましょう。ある赤ちゃんのお父さんは、海外出張で長い間、家にいませんでした。お母さんが、赤ちゃんに毎日お父さんの写真を見せ、「パパよ」と言っていました。すると赤ちゃんはそのうち、あらゆる写真を指差して「パパ」と言うようになりました。つまり、この赤ちゃんは「パパ」は特別な「パパの写真」のことだけでなく、あちこちにある「写真」一般のことだと判断したのです。

先ほどのチンパンジーに言葉を覚えさせる実験では、図形とモノが1対1に対応するように提示されていて、チンパンジーはその対応付けのみを学習すればごほうびをもらえました。しかし、赤ちゃんが日常の生活の中でほんとうの「言語」に触れるとき、ことばの形式（たとえば《ぱぱ》《みるく》のような音の列）とその対象が、1対1に

対応付けられることはあまりありません。今の「パパ」の話はその良い例です。

お母さんが赤ちゃんといっしょのときに、こうした問題は起こらないでしょうか。起こっても不思議ではありません。お母さんは、いつも「ママ」と呼ばれているわけではなく、「あけみさん」と名前で呼ばれこともあるでしょう。また、「ママ」と呼ばれる人はその赤ちゃん（きみちゃん）のお母さんだけではなく、別の赤ちゃん（たかしくん）のお母さんも「ママ」と呼ばれます。でも、たかしくんのお母さんは、きみちゃんの「ママ」ではありません。

「はいミルクですよ」と、哺乳瓶を口に入れてくれたとき、「ミルク」は哺乳びんを指すのか、中のミルクを指すのか、ミルクの入った哺乳びんを指すのか、くわえるゴムの乳首を指すのか、あいまいです。どうして赤ちゃんは「ミルク」が哺乳瓶の中の白い液体を指すことがわかるのでしょうか。同じ哺乳瓶に入っている液体でも、リンゴジュースや水は「ミルク」ではないと赤ちゃんはどうしてわかるのでしょうか？

ことばの意味がわかる，とは

赤ちゃんはまだことばを知らないのですから、「ママ」や「ミルク」「哺乳瓶」の意味をことばでは教えられません。食卓に上ってはいけないことをわからせようとしたネコと同じ状況に、赤ちゃんはいるわけです。ネコと違って、赤ちゃんはさしたる苦労も、試行錯誤を繰り返すこともなく、ことばの意味を理解していきます。しかも、直接教えられるのではなく、自分で「推論」をして理解していくのです。

どうしてこんなことができるのか、とても大きな謎です。ヒトの子どもはいったいどのように、自分で観察できる少数の事例からは確定できないはずのことばの意味を推論して、ことばを覚えていくことができるのでしょうか。

ことばの音とその対象の1つを結びつけだけでは、そのことばの「意味」を覚えたとはいえないことは明らかです。「ミルク」は哺乳瓶の中のものだけではなく、カートンに入っていても、コップに入れられていても、床にこぼれていても、いつでも「ミルク」です。さらに「ジュース」や「水」などの飲み物とミルクが区別できることもわかっていなければ、「ミルク」の意味をほんとうに知っているとは言えません。

　あることばの意味を知っているといえるのは、そのことばの指す対象の範囲がわからなければいけません。範囲がわかるということは、そのことばと隣り合うことばとの境界がわかるということなのです。

　このことのよい例は色の名前です。色の名前はとても具体的な意味を持つように思えます。しかし、消防車が「赤」である、リンゴが「赤」である、葉っぱが「緑」である、ということを断片的に知っていても、「赤」「緑」「黄」などの色の言葉の意味をきちんと理解したことにはなりません。イチゴの赤、郵便ポストの赤、消防車の赤は、少しずつ違っていても、どれも「赤」と呼びます。見えているモノからはいろいろな性質、形、質感、肌理（きめ）などを捉えることができますが、その中から（形、質感、肌理、模様などを無視して）「色」という性質に絞って把握することは相当に抽象的な認知の仕方です。赤を理解しようとすると、その色の隣にあるピンクとか橙、紫を理解していないといけないでしょうし、紫を理解しようとしたらさらにその隣にある青も緑も紺色も理解しないといけないはずです。すると、ひとつの色の名前の意味を理解するために、色をあらわす言葉全体を一度に全部理解しないといけないことになってしまいます。

　子どもは赤ちゃんのときから、様々の色を区別できます。黄色と赤のブロックを見たとき、それが「違う色だ」ということは赤ちゃんのときからわかります。それどころかイチゴの赤と消防車の赤の違いもわかります。しかし、今井が2歳の子どもたちのことばの覚え方を調べたところ、イヌやネコ、ウサギなど動物の種類を問う質問に答えて

いた2歳児たちは,「ではこれは何色?」とモノの色を問われたとたんに不機嫌になりちゃんと答えたがらない子が多いことがわかりました。2歳の子どもが色の名前を口に出せないのは,どこからどこまでが「同じ色」なのか,ということがわからないためのようです。「赤」ということばは,赤と赤を取り巻く色(「紫」や「ピンク」)を知っていて,それらの色と赤の境界がわからなければならないし,「紫」がわかるためには「赤」の範囲がわかっていなければならないといいました。つまりあっちもこっちもと循環してしまって,どの色のことばの意味も理解できないということになりそうです。でも,子どもはそのうちに色の名前を言えるようになります。どのようにこの問題を解決しているのでしょうか?

記号接地問題

この問題は色に限りません。世界に存在するある記号を理解するということは,その1つの記号だけを理解するということではまったく十分でなく,それを取り巻くものとその記号がどういう関係にあるかということがわからないと,その記号をちゃんと理解できたことにならないのです。すると理解しようとするとき,どこから始めたらいいのかまったくわからなくなってしまうわけです。ヒトはどうやって理解を始めて,最終的にすべての関係が整理できるのでしょうか。これを「記号接地問題」といいます。「接地」というのは,現実にしっかり結びついているかどうか,ということを表す言葉です。形式的な記号のシステム(たとえば,《ぱぱ》などの音のシステム)が,どのように現実の意味と結びついていくのかを明らかにしたいというのが,この問題なのです。

最近では脳の働きを画像化する機械の発達で,脳のどこの部分が実際にことばを扱う場所なのか,わかるようになってきました[6]。いわば,脳のいろいろな部分に,ことばに関する情報がいろいろなカテゴ

リーに分けられて詰まっている「辞書」があるとみられるようになっています。たとえば、実際の赤ちゃんの発達を見ていると、イヌ、ネコが違うものだというカテゴリー分けは3〜4ヵ月でなされ、動物、乗り物の違いを判別するカテゴリー分けは7ヵ月ほどでできていると報告されています。

こころの中の辞書、メンタルレキシコンは、単に多くのことばが並べられているだけではありません。いろいろ並べられているだけでは、ヒトはことばを使うことはできないのです。1つのことばには、その意味、使われる際の特徴、口で発音するときの音、それから連想するイメージ、さらに関係するいろいろな概念などが、いわばクモの巣のネットワークのように張り付いています。ことばと別のことばはその中でお互いに複雑に結びついているのでしょう。

子どもが経験を足がかりにして、膨大な数の単語を要素としながら、巨大で複雑なネットワークの中でそれぞれのことばが関係づけられた心内辞書をつくっていく過程は、未解明のことばかりです。認知科学は少しずつその解明を進めています。

次の謎はもっと難しいのです。「ひとつひとつの単語は、他の多くの単語との関係（同一性や違いなど）を知らなければ意味は決められないし、正しくまわりにわかるように使うこともできないはず。全体がわからなければ部分はわからない、という状況の中で、どうやってヒトは巨大なことばのシステム＝心内辞書がつくれるのだろうか」。

ミトメ先生 ことばをまったく知らない状態から、ことばを覚えていくということは、何をきっかけに起こるのだろうというのは深い謎なのだね。

---

[6] たとえば、脳の側面にある側頭葉の先端は人の名前、その下部にある下側頭領域では動物の名前、さらに下側頭領域後部から脳の後ろ側の外側後頭葉では道具の名前が関係しているという研究があります（アントニオ・ダマジオらによる）。

マナブさん 世界は，いろいろなものからできているのだけれど，それを整理して理解していかなければ，人間として生きていけないな。でも，いつの間にか，どの子どもでもわかるようになっていく。私だってそうだったのだろうし，私の子どもだってそうだった。考えてみればほんとうに不思議なことだ。

ミトメ先生 そういう能力を赤ちゃんは生まれながらに持っているわけだが，どういうメカニズムでそれが現れてくるか，ネコやチンパンジーとはどう違うのか，というのは認知科学の大きな問題だ。この本では，そんな話がいくつも出てくる。大きくて深い謎なので，まだまだ解けていないことはたくさんあるんだ。

使いやすいヒューリスティックな思考

子どもはことばの意味を自分で推論して覚えるしかない，では，子どもはどのような推論をおこなっているのだろうか，という問いに戻ってみましょう。

動物でもできる連合学習，統計学習の能力を使えば，曖昧性のない状況で，1つの記号と1つの対象の結び付きを学習することはできるでしょう。しかし，実際にコミュニケーションで使える言葉の意味を学習することは，それでは不十分です。ことばの意味を理解し，ことば同士がクモの巣のようなネットワークの中で関係づけられている心的辞書を作るためには，どのような思考，どのような推論が必要なのでしょうか？

チンパンジーに図形の記号とモノの結び付きを学習させるプロジェクトのことを紹介しました。このプロジェクトではチンパンジーに色の名前も覚えさせることができました。具体的には，何色かの色の積み木のそれぞれに図形の記号を対応させることを学習させました。それぞれの色を代表するたった1つの「積み木の色」と「記号」が対応

付けられても，色の言葉の意味がわかったことにはなりません。

　実験をしているうちにわかったことはもっとショッキングでした。訓練されたチンパンジーは，最初にある色の積み木を見せられたら，それに対応する色を表す図形記号を選べます。ところが，逆に，図形を先に見せられても，それに結び付けられた色を選ぶことはできなかったのです。チンパンジーは「色⇒記号」で教えられると，その方向では教えられた結びつきを再現できても，その逆の方向，つまり「記号⇒色」での結びつきがあるとは考えないようです。

　ことばというものでは，音や文字などの「記号の形式」とそれが指し示す「対象」が，双方向性の（つまり対称的な）関係を持っています。ある記号を示されれば，対象のことを思いますし（《ぱぱ》と言われればパパの顔がわかる），ある対象を見せられればその名前などの「記号」が心に浮かびます（パパの顔を見れば，《ぱぱ》と呼びかける）。ヒトの子どもは，この双方向性の関係を当然と思っているようです。

　実験で，今井は2歳児にある対象を指しながら「これはネケよ」と実際には存在しない言葉を教えました。そして子どもが「ネケ」という言葉の意味をどのように理解したか確かめるために，いろいろなものを見せて「これは何？」と聞きました。すると子どもは躊躇なく，「ネケ」と結び付けられたものに対して「ネケ」と言うことができます。つまり，ヒトの子どもは，ある対象に対してその「記号の形式」（つまり名前）を教えられれば，対象を示されて「それは何？」と聞かれたときに，教えられた形式（名前）を答えられます。これに対し，チンパンジーは形式⇒対象の結び付けを訓練・学習した後でも，対象⇒形式の結びつきは「学習していない」ことになっていて，答えられないのです。

　このことは，名前の学習には，形式と対象の結びつきを「形式⇒対象」「対象⇒形式」というどちらの方向性で経験しても，「同じこと」と考える思考が必要だ，ということを教えてくれます。これを「対称性推論」といいます。さらに，それだけでなく，ヒトは教えられた名

2章 こころをわかるために——記号，表象，計算，意味，理解

前が指示する対象を自分で勝手に推論し，それの名前をどんどん教えられていないモノにも使うことができます。たとえば，2歳の子どもは，1つのモノを指差して「これはネケよ」と教えると，指差されたモノだけではなく，教えられていないモノにその名前を使います。いいかげんに使っているわけではなく，おおかた的外れではない使い方が多いのです。名前が指し示す対象の1つの例を知るだけで，その名前の「正しい」範囲を導出することは不可能なはずです。それにもかかわらず，子どもは，1つの事例からことばが指し示す範囲を自分で決めてしまっています。

　このような「論理的には導出できない」，ある意味で「適当」に解を導き出してしまうような思考のしかたを「ヒューリスティックな思考」といいます。ヒューリスティック（heuristic）とは「発見に役立つ」という意味です。序章でウェイソンの4枚カードの課題の話をしました。そのときにも，ヒトの大人は論理的な思考とはちがう，もっと日常的な常識などに頼った思考をしていることを紹介しました。これも「ヒューリスティックな思考」の一例です。また1章のハノイの塔パズルをコンピュータプログラムで解くとき，使った「有効な戦略」（p. 42）もヒューリスティックでしたね。

　さきほどの，形式と対象の結びつきを双方向で成り立つ関係と考えてしまう「対称性推論」も，ヒューリスティックな思考の1つです。この思考の方法は，言葉を学習するときだけではなく，大人が日常の生活の中でおこなう様々な思考，推論で観察できます。

　たとえば「満足した生活のためにはお金がいる」ということから「お金があれば満足した生活が送れる」ということを主張するのが対称性推論です。もちろん，この推論は論理的にいえば正しくありません。お金以外にも満たされなければ満足した生活をできない条件（いい仲間がいる，とか落ち着いた場所に暮らしているとか）はいくらでもあるからです。でも，ヒトはこれと同種の推論をしがちなのです。このような偏ったクセがあることを「バイアスがある」といいます。A

という事象が起きたあとにBという事象が起きると、根拠はなくても、AはBの原因、それも唯一の原因と考えてしまうバイアスが人間にはあります。このような「推論のクセ」はチンパンジーにはないことが知られています。

　ヒューリスティックな思考をするバイアスは「論理的には正しくない」とはいえ、とても実際の役に立つ思考のしかたです。こういう推論ができれば、言葉を学習するとき、たとえば耳の長い目の赤い動物がいて一度「これはウサギ」と聴けば、「ウサギ」は「耳の長い目の赤い動物」とすぐに覚えられます。

　言葉を覚えるとき以外でも、ヒューリスティックな思考は常識や知識を使って論理的にじっくり考えるよりもすばやく物事に判断を下すことを可能にします。たとえば、「仕事が5時までに終わっていたら飲み会に参加する」と言っていたAさんが、飲み会に現れなかったら、私たちは「ああ、Aさんは仕事が終わらなかったのだな、気の毒に」と考えます。でも論理的には、Aさんは他の理由でこなかった可能性は否定できません。するとなぜAさんが現れなかったのかということに、何の結論もつけることができません。でも、ヒューリスティックな思考でそういうことが一番ありそうだな、と判断しているのです。

　論理判断ではなくて、このような、「論理的には間違っているかもしれないけれど、おおかたの場合はだいたいあっている、あるいは納得できる結論をとりあえず得られる、しかも素早い思考」をヒトが普通にしていることは、ことばを習得するためには大きなメリットです。というより、これがあるからこそわたしたちヒトは、ことばを駆使することができるようになった可能性があります。

　なぜ、ヒトはこのように考えがちなのか、はっきりした理由はわかっていません。ヒトの思考のバイアスの問題については4章でもう1回くわしくお話したいと思います。

　この章の後半では、こころの働きでもっとも不思議な意味とその理解、ことばとその獲得ということについて、子どもの言語発達を認知

心理学的に研究している今井の研究を中心に紹介しました。子どもは，知識をどんどん増やせる対称性推論などを使い，言語とそのほかの知識を，自ら発見し，使い，修正して，さらに新しい知識も創りだし，ぐるぐる同じ所をまわりながらも世界を広くし，語彙システムを構築していきます。ことばは，お互いがお互いを引っ張り上げる「ブートストラップ」（「ほらふき男爵」の伝承にある自分で自分を持ち上げて沼から脱出した逸話からきたことばだといいます）というやり方で，数をどんどん増やし，お互いの関係性も埋めながら，心内辞書を作り上げていくように見えます。ヒトのこころの中で，数万語のことばがお互いの関係まで含めて，ほとんど他の人から教わることもなしに辞書を作成できてしまうというのは確かに奇跡的な出来事です。

ミトメ先生 ヒトのこころは論理ばかりではないというのが少しわかってきたかな。正しさばかりではなくて，手早くて使いやすいこころの働きというのは大切なのだ。

マナブさん それが，ヒトがことばをうまく手に入れて，使うことのカギだということは面白い。ガチガチの機械にはできないことかもしれないなあ。

ミトメ先生 こころはその外側の世界と関係があるからこそ，意味があるのだね。次の章では，世界の中でこころはどういう存在なのか，また，身体と心の関係はなにか，ということをさらに突っ込んで考えてみたい。

Column もう1つの計算主義 ニューラルネットワーク

神経細胞のネットワークからできている脳とエレクトロニクス素子からできているコンピュータは明らかに構造が違います。特に違

うのは，脳はいくつもの神経細胞が同時に働くような「並列処理システム」であるのに対し，実用になっているノイマン型コンピュータは1つ1つの処理を順番にこなしていく「逐次処理システム」であることです。神経細胞のモデルを作ったワレン・マカロックとウォルター・ピッツは，1943年に神経細胞モデルを使えば，どんな論理計算もつくれることを示しました。では，脳の神経細胞に対応させた単純な処理ユニットを作って，それでネットワークを組めば，脳のモデルができるのではないか……と発想するのは当然でしょう。これがニューラルネットワーク（縮めてニューラルネットともいいます）です。これまでに登場した記号を処理していくという計算主義とはちょっと違うものです。

ニューラルネットとはどうやって作るのでしょうか。まず，神経細胞と同じように働くユニットをプログラムで作ります。そのユニットをたくさんつなげたネットワーク構造を作るとニューラルネットになります。

ユニットのつなげ方を実際の神経に学んでモデル化するのがポイントです。1つのユニットは，他のユニットからの入力信号を全部足した値がある値（閾値）を超えると「発火」して，他のユニットに信号を送ります。他から送られた信号がユニットに与える影響，つまりユニット同士の結合の強弱は，それまでどんな信号がどのくらい送られたかによっていろいろ変化します。これがニューラルネットの「学習」ということになります。これら発火や学習の性質は，実際の神経と同じなのです*。こういうシステムはいったいどのようなことができるのでしょうか？

ニューラルネットは，決して脳神経そのものを完璧にシミュレートしているわけではありません。人間の脳全体の神経細胞数は千数百億個（大脳だけなら数百億個），1個の神経細胞は突起を伸ばして

---

* ユニット同士の結合（コネクション）がカギなので，学習など知性に関するこのような研究をコネクショニズムと呼び，ニューラルネットとほぼ同じ意味となっています。

数万個の別の細胞とシナプス結合を作っています。そんな大きなものをすべて想定するのはシミュレーションでも難しく，研究されているニューラルネットはごくおおまかな近似に過ぎません。神経細胞は1つの概念を表すのに，多数の神経細胞の活性化パターン，お互いの結合のあり方で表していると考えられています。ニューラルネットもこれをまねて，多くのユニットの状態を1つの概念に対応させていますが，このような分散された形での表象がどのような情報をどのように表し，処理しているかは，入力に対してどのように結果が出てくるかで判断するしかなく，処理の様子はこれまでに説明した記号主義の情報処理モデルのような直感的理解にはつながりにくいのです。

ニューラルネットの研究の歴史は長いものです。1958年，コーネル大学のフランク・ローゼンブラットが400個の光電管を使って作ったパーセプトロンというニューラルネットに「文字」を認識させることができた，と評判になりました。人間の脳・神経の構造をまねて「自分で学ぶ」コンピュータという触れ込みでした。しかし，マサチューセッツ工科大学のマーヴィン・ミンスキーとシーモア・パパートがこの機械が学習する原理を研究，69年にパーセプトロンには理論的限界があることを厳密に示したため，しぼんでしまいました。

しかし，その後も，脳神経細胞をまねる試みは続けられました。80年代に，ユニットをいくつもの層に並べてその層ごとの結合を考える多層ネットが提唱されました。これは入力層にある複数のユニットにあるパターンの活性化パターンを入力情報として入力，いくつかの中間層への結合を経て別の活性化パターンとして出力されるという仕組みです。出力と正解の差を調べて，出力側から入力側へ逆に結合の強弱を変えていくという「誤差逆伝搬法」という機械学習方法も開発されました。

ニューラルネットワークの能力は期待ほど上がらず，さらに記号主義に基づく情報処理モデルに比べると，処理の様子がよくわから

ないためにヒトの認知過程のモデルとして簡潔な説明をしにくいという欠点があります。このためか，ニューラルネット研究は盛り上がったり下火となったりをくり返すという具合だったようです。

しかし，2006年，初期の頃からニューラルネットにずっとこだわり続けてきたカナダ・トロント大学のジェフリー・ヒントンらが神経の層がたくさん連なった多層ネットワークをうまく動かす「ディープラーニング」という方法を開発しました。これは，ある画像が何を表すかという分類を自動的に学習・認識させる「一般画像分類」コンテスト（2012年）で，正解率85％とそれまでの正解率を10％アップさせた成績を収めて注目されました。人工知能の専門家たちは，これはこれまでもありふれていた人工知能の「量的な」前進というより，50年に一度というような「質的な」進化と見ているようです。機械が自律的に学習し「進化」する能力を得たのではないか，という声さえあります。

しかし，ディープラーニングでも，機械による学習の結果が，なぜそうなるのか，という説明はなかなか難しいのです。たとえば，今，プロ並みの強さになった将棋プログラムは，「今の妙手はかくかくしかじかの戦略のもとに……」といった説明ができない。つまり，これまでの認知科学で想定していた「ヒトの知能の働き方の理解」というわかり方が，ニューラルネットではいまだに困難です。実際のモノについて分析的研究をする方法論に対して，たとえば実際に知能に見えるものを作ってみせようという構成的方法を取る研究者も少なくありません。コンピュータの計算能力の飛躍的増大で，ニューラルネットのような構成的方法も，いろいろな結果が出るようになってきました。ただそれが，実際の「知性」のモデルになっているかどうか，検証する方法も十分に検討することが重要になってきそうです。

2章 こころをわかるために——記号，表象，計算，意味，理解

■2章の読書案内

・ポール・サガード『マインド　認知科学入門』（松原仁監訳，共立出版，1999年）

　認知科学のコンパクトな入門書です。「心の計算 – 表象的理解」という原則で貫かれています。論理，ルール，概念，類推，イメージ，そしてコネクション（ニューラルネット）という認知科学の基本概念が丁寧に語られています。英語版では2005年に第2版が出ています。

・都築誉史編『認知科学パースペクティブ——心理学からの10の視点』（信山社，2002年）

　認知科学の全体動向が概観できるテキストです。9人の専門家の分担で広範囲に認知科学の主要テーマが解説されています。サガードの教科書と合い補う内容です。

・中島義明ほか編『新・心理学の基礎知識』（有斐閣，2005年）

　認知科学を学ぶとき，心理学の知識がときどき必要になります。心理学の基礎を簡単に調べたいときはこの本が役に立つでしょう。索引も完備していますし，辞典のように使うと便利です。

・戸田山和久『哲学入門』（ちくま新書，2014年）

意味や機能，表象など認知科学に頻出する概念を，科学哲学者がじっくり考えた本で，自然科学と相性がいいようです。

・岩波講座『認知科学』全9巻（岩波書店，1995年～96年）

基礎，脳と心のモデル，視覚と聴覚，運動，記憶と学習，情動，言語，思考，注意と意識という認知科学の全般を扱った講座です。出版からやや時間がたっていますが基本は学べます。図書館，古書店で手に取れます。

・今井むつみ・針生悦子『言葉をおぼえるしくみ——母語から外国語まで』（ちくま学芸文庫，2014年）

　モノの名前，動詞，形容詞，助詞をこどもはどのように身につけるのかから始まり，心内辞書の構築がどのように進むかまで，

オリジナルな研究を積み重ねて明らかにしてきたことを中心にまとめた本です。最終章「おわりに」が多くの問題を提出しており，記号と意味の問題についてどのようなことに認知科学が取り組まなければならないかがよくわかります。

こころと身体と言語

ミトメ先生 「こころの持ちようでなんとでもなる」というけれど，そうでもない。逆に，身体のあり方次第でこころは変わり得る。

マナブさん そうなると，こころのことを考える場合，身体についても考えることが不可欠ということになるのか？

ミトメ先生 まさにそうだ。そうなると自分の身体だけでなく，「他人」という別の物理的存在をこころがどうとらえるか，ということにもかかわってくる。身体というのはこころにとって不思議で大切なものだ。

表情も身体だ

こんな実験をしてみましょう。

①軽くて細長いボールペンを1本用意します。それをくちびるの上下で挟むようにくわえます。歯に触れてはいけません。その状態でお笑いコントのビデオを見てみましょう……。

②今度は，同じボールペンを歯で噛むようにしてくわえます。歯が外から見えてもかまいません。①と同じようにお笑いコントのビデオを見ましょう。今度はどうですか？

①のようにすると，笑う表情をするのは不可能です。逆に②では，顔はずっと笑った表情になります。その違いは，こころにどう影響するのでしょうか？

これは，1988年にドイツ・マンハイム大学の研究グループが発表した実験をもとにしています。元の実験では，お笑いコントの代わり

にだれでもおかしくて笑ってしまうような4枚の一コマ漫画を実験参加者に見せて、面白くない（0点）から面白い（9点）まで点数をつけてもらったのです。何も口にくわえないで見ると面白さの平均点は4.77点でしたが、ペンをくちびるで挟む＝笑いが不可能な状態＝では4.32点、ペンを歯でくわえる＝いつも笑いの表情をしている状態＝では5.14点でした。つまり、笑えない状況に比べると、笑っている状況では、漫画がおもしろく感じる、という結果が出たのです。無理やりさせた表情がこころに影響を与えたわけです。

同様の実験はその後も何種類かおこなわれています。たとえば、愉快になる文章と不愉快になる文章を読ませて、愉快か不愉快か判断させるという実験で、先ほどと同じように①ペンをくちびるで挟む②歯でくわえる、の2つの条件を設定して調べてみると、くちびるで挟むと不愉快な文章を認識しやすく、逆に歯で加えると愉快な文章を認識しやすいという結果がでています。

おかしいから、たのしいからヒトは笑うのですが、逆に、ヒトは笑う表情をすればおかしく、楽しく感じやすいというのもホントなのですね。表情という単に顔の筋肉を動かすだけのことが、私たちのこころに影響を与えているのはとても興味深いことです。

身体を動かしたほうがクリエイティブ

なにか創造的なことをするためには、机に向かってアタマをかきむしって考えるより、自由にふらふらと歩いたり、腕を大きくぐるぐる回したりしながら考えたほうがいいらしい……日本からもシンガポールからもそういう研究報告が出ています。

たとえば、愛知淑徳大学の永井聖剛（当時・産業技術研究所在籍）らが2013年にこのような結果を報告しています。大学生・大学院生50人を2つのグループに分け、「コメのあたらしい品種名を考える」という課題に取り組ませました。1つのグループは直径80センチの壁

に書かれた円を右手でぐるぐると30秒間計15回なぞった後，1分間課題の報告をします。もう1つのグループは直径3センチの円を同じ回転スピードでなぞった後，同じように課題報告をします。これをそれぞれ5回ずつ繰り返してみました。回答例としてもともとあげていた「○○ヒカリ」以外のコメの名前をあげた「クリエイティブ」な例がどのくらいあったのかを，評価ポイントとして見ると，各セッションで手を大回しした方が常に20ポイントほど小回しグループを上回っていました。腕を大きく回す運動によって，思考の広がりも大きくなり，枠にとらわれない発想が可能になった，と永井は説明しています。シンガポールの認知心理学者の同様の研究では，クリエイティブな発想には部屋の中をランダムに歩きまわるといいという結果もあります。

マナブさん 面白い話だ。こんなことはいろいろあるのだろうか。

ミトメ先生 心身問題というのは，宗教，倫理，科学と昔から広く議論されているが，身体がこころの影響を受けることとこころが身体の影響を受けることが同じくらい重要なことである，というのが，具体的にわかってきたのは最近のことだ。実際に身体を動かさなくても動かすことを想定してみようという「こころの中でのシミュレーション」もいろいろな効果があるという。そのカギとなる神経細胞が見つかった話をしよう。

身体とミラーニューロン

「自分」と「他人」が脳のある部分で固く結びついていることがわかってきたのは，ある神経細胞の発見がきっかけでした。この神経細胞は，他の人の行動を映している鏡のような働きをするためにミラーニューロンという名がついています。これはこころを考える上でもショッキングな発見でした。

1990年代前半,イタリア・パルマ大学の神経生理学者ジャコモ・リゾラッティたちの研究室では,いろいろなものを見せながらサルの脳に神経細胞の活動を調べる微小電極を刺して知覚や運動などに反応する神経細胞(ニューロン)を探していました。そうするうち,脳の前頭葉運動前野の一部領域に不思議なニューロンを見つけました。このニューロンは自分の手を口や食べ物に伸ばしたり取ったりすると活動しますが,それだけでなく,他のサルやヒトが同じ行動をするのを見るだけでも活動します。またここには,他人の握る,つまむという動きの種類を見分けて,反応を変化させるニューロンもあったのです。

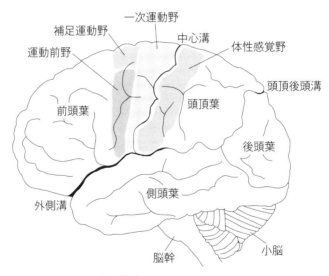

脳の構造　左(前頭葉)が前方。

　単にモノを見ても,手が動くのを見ても,そのニューロンは活動しません。運動の対象となるモノ＝運動のゴールがあり,それに対して動く手を見ないと活動しないのです。運動前野というのは,自分の運動の制御をつかさどる領域ですが,そこにあるニューロンが,自分が

3章 こころと身体と言語

運動していなくても他人の運動を「見るだけ」で活動する，という性質を持つのはそれまでだれも考えてもみなかったことでした。たとえばゴールとなるリンゴを見せて，それに対して手を伸ばすことがわかれば，手にとる前に暗くしてゴールのリンゴを見えなくしてしまってもそのニューロンが活動するのは研究者を驚かせました。それらしい運動の外見だけを見て活動するという単純なものではなく，「ゴールに向かって手が動いているのだな」と何かを目標として動いていることをちゃんと解釈・認識しているとしか思えないのです。

そんなニューロンがサルだけでなく，ヒトにもありました。サルと異なり健康なヒトの脳に電極を刺す実験はできないので，ヒトの体に影響を与えない磁気刺激，fMRI，脳磁図（p. 91 Column を参照）などの方法を使って，サルと同様な実験をしたときに活動する脳領域を調べたのです。すると，似たような反応をする脳の活動が，運動前野のほかに一次運動野，頭頂葉下部でも見つかりました。これらの脳の領域はまとまって働いていることが想定されます。1個のニューロンだけでなく，いくつもがまとまって働く，ミラーニューロン・システム（MNS）というものがありそうです。それは一体なにをしているのでしょうか？

他者のまねをするためのシステムでしょうか？　ヒトは見ればすぐに他者のまねをするのが得意ですが，サルはかならずしもそうではないとされています。するとサルにもヒトにもあるミラーニューロンはまね以外のなにかの機能を担っているはずです。

今，多くの研究者が同意しているのは，ミラーニューロンはまねの手前の段階といえる「他者の運動の理解」という機能を支えているというものです。他者の動作を自分の脳内で再現し，その状態を自分の状態としてシミュレーションしているというのです。そうやって具体的に他者と自分を突き合わせてみて「理解」しているのだろう，というわけです。これは「シミュレーション仮説」と呼ばれ，さらにその実態や機能が探られています。

たとえば、ダンサーが別のダンサーの踊りを見ているときに、その MNS を含む脳活動を調べたという研究があります。ダンスには古典的なバレエやジャズダンス、ストリートダンスなどいろいろな種類がありますが、あるダンサーの MNS の活動は自分の専門のダンスを見ているときが他種類のダンスを見ているときよりも活発だという結果が出ています。つまり、他人のダンスというパフォーマンスを、ダンサー自身が脳の中に持っているダンスモデルと重ね合わせ、シミュレーションをしているということなのでしょう。

　あるパフォーマンスを長年修練した結果の「熟達」という状態にも関係が深そうです。この本の著者の１人で、脳の画像計測をしている認知科学者、嶋田総太郎（明治大学）の MNS についてのこんな実験があります。野球でバッターがうまくヒットを打ったときの動画、当て損ねて内野ゴロになってしまったときの動画の両方を野球経験者に見てもらって、そのときの脳の MNS の状態を頭に外から赤外線を当てて血流変化を見る方法（近赤外線分光計測法＝NIRS）で調べて比べてみたのです。すると、打球の行き先までは見せなかったにもかかわらず、野球経験者は、打った時点の動画を見ただけでヒットになるかゴロになるかをほぼ判定できました。そのときの MNS の状態はヒットのときよりもゴロのときのほうが活発に活動していました。つまり、上手にヒットが打てる動作のモデルが経験者のアタマにはあり、それと違う「ずれ」を含んだ動作を見ると、強く反応してしまう、ということだと考えられます。

　その他、相手の立場になって考えることができる共感というヒトの能力の基礎は、このシミュレーションにあるのではないかとも考えられます（p. 89 Box 参照）。さらには、ヒトとヒトとの間でコミュニケーションが成立するのも MNS の働きが関係するのではないかという見方もあるのです。

　以前は、知覚、認知、行為というヒトの働きはそれぞれ独立に働き、より高次の脳に支配されると考えられていました。今は、認知過程の

あちこちに身体の情報が入り込んで影響しあって結果を出していると考えられるようになってきました。ミラーニューロン・システムの存在は，そういう仕組みの存在の証拠であると考えていいでしょう。進化的にどうしてそのようなシステムがサルやヒトにできてきたのか，という興味は，神経科学，認知科学，心理学でも大いに盛り上がっているのです。

　こんな考え方も出ています。過去の自分の経験を思い出すと，そのときに感じた情動をあたかも再経験しているかのように感じることがあります。最近のいくつかの実験で，身体の経験を情報処理した結果がこころの認知過程に直接影響を与えていることがわかってきて「身体」と「認知」の新しい関係が注目されるようになってきました。それによれば，思い出＝持っている過去の経験についての知識，記憶を「記憶庫」から持ち出してくると，脳の認知システムはその知識や記憶に合わせて身体の感覚や運動，感情をつかさどる神経システムの状態を再活性化し，あたかも過去の経験を再演・シミュレートしているような状態に持っていくと考えられるのではないかというのです。その機能の中心には，ミラーニューロンが関わっていそうです。

　身体をめぐる議論で，私たちのこころの仕組みの秘密にまたひとつ接近できそうです。

Box 「共感」と「心の理論」——他者に共鳴する能力

　自分と関わりのない他者の気持ちを，わたしたちは「どうでもいい」と無視することはなかなかできません。他者の感覚（痛そうだ），感情（悲しいだろうなあ）などを共有したり理解したりすることを「共感」といいます。この能力はヒトだけではなく，サルなどの動物にも見られることが報告されています。

　90年代以後の研究で，共感という現象はミラーニューロン・システムが支えているのだろうと考えられています。たとえば，他者の体になにかが触れてくすぐられているような状態を見た人は，自分の体

でも同じように触れられているかのように脳の部分が活動することが報告されています。さらに進んで，他者の成功，失敗についての認識も共感という機能と関係がありそうです。他者の情報を認識することは，社会を営んでいる私たちには重要であり，その能力がヒトで発達しているのは興味深いことです。共感は，情動反応として自然に共感する場合も，相手のことを考えて意図的に共感する場合もあり，そのメカニズムは簡単ではないようです。

他者のことを理解する能力として，もう1つ注目されているのは「心の理論」です。他者がどのように考えているかを，その人に成り代わって想定する能力があることを「心の理論を持っている」といいます。

心の理論を調べる実験のうちで，有名なのは誤信念課題という実験です。1985年に英国の心理学者サイモン・バロン＝コーエンが提唱したもので，以下のような状況を実験参加者に聴かせる，あるいは見せてどう答えるかを調べます。

「サリーとアンという2人の子どもがいます。サリーは自分のバスケットにボールを入れて，それを部屋に残したままでかけてしまいました。サリーがいない間に，アンはサリーのバスケットからボールを取り出し自分のバッグに入れてしまいました。しばらくして帰ってきたサリーは，ボール遊びをしたくなりました。サリーはボールがどこにあると思っているでしょう？」

もちろん，サリーはボールがアンのバッグの中に移されたのを知らないので，バスケットを探します。サリーの思っていることを，自分のこころの中で作ることができるのは，4歳以後だといいます。それより小さな子どもは，一連の状況を見ていても，サリーのこころの中がわからず，アンのバッグの中にボールがあるという自分の知識をサリーも同じように持っていると間違えてしまうのです。

心の理論は，共感と同じように，他者のことがわかるかどうか，ということに関する力ですが，ミラーニューロン・システムとは違う起源を持つようです。現状を離れて事態を設定する力と考えることもでき，ことばを使って世界を理解することとも関係しそうだとされています。

Column 神経科学のあゆみ

　脳は多くの神経細胞からできています。その活動の様子，どのような働きをしているかをミクロな視点から調べる神経科学は，こころの働きの研究の基礎をしっかり固めているといえます。その成果にはノーベル賞が与えられているものがいくつもあり，医学研究でも重要な地位を占めているといえるでしょう。その研究の流れを見ておきます。

最近の神経科学・認知科学に関するノーベル医学生理学賞

1963年	エックルス，ホジキン，ハクスリー　神経細胞の興奮と抑制に関するイオン機構の解明
1970年	カッツ，オイラー，アクセルロッド　神経伝達物質
1973年	ローレンツ，フリッシュ，ティンバーゲン　動物行動学
1981年	ヒューベル，ウィーゼル，スペリー　視覚系における情報処理の解明／大脳半球の機能分化
2000年	カールソン，グリーンガード，カンデル　神経系における情報伝達
2003年	ラウターバー，マンスフィールド　MRI（磁気共鳴画像装置）の開発
2014年	オキーフ，モーザー夫妻　脳内の空間認知システムを構成する細胞の解明

　17世紀に発明された光学顕微鏡は細胞の構造を次第に明らかにしました。神経細胞とそれが組み合わさったネットワークの構造を，顕微鏡を駆使して描き表したのは19世紀の終わりに活躍した神経解剖学者，ゴルジとカハールでした。同じころ，脳卒中などの病気で脳の一部が壊れてしまった人がことばをうまく操れなくなったり，身体を意のままに動かせなくなったりすることから，身体の各部をつかさどるところが脳のあちこちに分かれて存在することがわかっ

てきました。これは脳の機能局在と呼ばれ、脳の働きを理解する上で大事な概念となっています。

20世紀に入ってから、脳や神経の構造や活動を調べる新しい方法論が次々と開発され、研究はめざましい展開を始めました。

神経細胞の活動は、1個の神経細胞の大きさが太さ0.5ミリ、長さ10センチもあるイカの巨大神経軸索を材料に電極を刺して電気的な性質を調べる電気生理学実験で明らかになっていきました。1940年代には、細胞での興奮状態の発生やその信号が神経細胞内を伝わっていく興奮伝導というそのメカニズムの基本が解明されました。さらに、50年代には、神経細胞間で信号伝達を担う「シナプス」の仕組みが明らかになりました。神経の種類によって異なる神経伝達物質がシナプスの間で受け渡され、それによってイオンが細胞の内外で出し入れされて電気的性質を変えるという巧妙な仕組みは、研究しているだれをも驚かせたのです。

電気生理学的手法を使った精緻な実験は、ヒトの脳の情報処理機構の解明を目指し、大脳皮質の研究を大きく進めました。60年代には、視覚情報の処理機構が調べられ、単なる情報の受け渡しではなく知性に結びつく脳の「高次情報処理機構」が次第に解明されていきました。これは運動、記憶、情動などの脳のレベルの高い活動のミクロな仕組みの解明につながっていきます。

70年代には、神経細胞のネットワークを詳細に調べる染色法など解剖学的な技術の開発が進みました。その一方で、神経細胞の発生生物学的な起源の問題、増殖や分化の仕組み、そして神経ネットワークの構築にいたるまで、時間的な発展を追う発生神経生物学の研究も始まっています。

分子生物学の爆発的な発展を受け、神経細胞でも独自に働いている遺伝子の研究が始まったのは80年代でした。今や、すべての分野で遺伝子研究あるいは分子生物学の裏付けなしに、神経細胞とそのネットワークのミクロな生物学的解明は難しくなっているといっていいでしょう。実際に起きている神経の異常についてもその遺伝

的・分子生物学的基礎が次第に明らかになっています。さらに，神経細胞のもっとも基礎的な活動である神経伝達物質をめぐる現象の解明は，脳神経科学の基礎をしっかり固めているといっていいでしょう。

90年代に入ると，ミクロの研究に加えて，PET（陽電子断層画像），fMRI（機能的磁気共鳴画像）など物理学的・工学的な技術を使って脳の活動を目に見える形で提示する方法が開発され，いろいろな認知活動中の脳神経活動の研究が注目されるようになりました。これは認知科学からも大いに注目され，使われるようになっています。

21世紀に入ってからも，神経科学のミクロ，マクロの両面からの新しい発展は続いています。たとえば，iPS細胞やES細胞という「万能細胞」から神経細胞を誕生させ基礎研究や臨床治療に利用するプロジェクトや，脳とコンピュータの直接接続を目指し，たとえば思っただけで義手を動かす，遠方にいるロボットと自分の脳をつないで自分の身代わりとして行動させる（友達とテニスをさせる）といったことを目指すブレイン・マシン・インターフェース（BMI）の開発研究など，新しいテクノロジー開発に基づく新分野への進出が目立っています。

神経科学は，脳をそのハードウェアである「神経細胞とそのネットワーク」というミクロのレベルから研究を進めてきましたが，その究極の目標は，やはりヒトの脳＝こころの解明です。それは，こころというソフトウェアの研究をマクロのレベルで進めてきた認知科学と目標が同じであって，研究の成果はお互いに補い合う形だといっていいでしょう。fMRIによる脳の研究，あるいはミラーニューロン・システムの意味と役割など，神経科学，認知科学両方から興味を持たれ，研究が進んでいるテーマはいくらも登場しています。さらに両側から境界を越える活動が期待されています。

問題解決に役立つ心内シミュレーション

　理解しなければならないのは他人の行動だけではありません。世の中のモノゴトには，なかなか頭で考えただけでは納得できなくても実際にやれば「ああそうかあ」とわかるものがあります。さらに進めてみると，「実際にやったつもりになってこころの中でシミュレーションしてみれば，ちゃんとわかる」という問題の実験結果を米国の認知心理学者ダニエル・シュワルツらが示しています。

　被験者に問いかけた問題は，こういうことでした。「高さは同じで横幅が違う2つのコップがあります。これに同じ高さまで水が入っています。この2つのコップをだんだんと傾けていった場合，どちらのコップの水がさきにふちを越えてこぼれるでしょうか？」

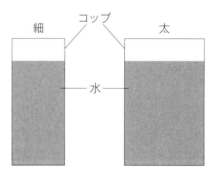

シュワルツが示した同じ高さまで水が入った2つのコップ
これらを同じ傾け具合で傾けていって，どちらが先にこぼれるか？

　実験参加者グループに，この問題をみせてすぐに答を求めた場合は，ほとんど正解した人がいませんでした。もう1つのグループでは，実験参加者に目を閉じてもらい，こころの中で2つのコップを傾けるのを想像させて，その後に答えてもらいました。こちらでは，ほとんど

が正解にたどりつきました。シュワルツらは，さらに容器の形を変えたり，答えを求める戦略を調べたりという実験をおこない，こころの中のシミュレーションは問題解決のための方略の1つとなりうる，いやむしろことばでは説明できないが運動イメージを思い起こしながらの推論だ，と主張しました。確かに，この問題を，ことばで説明して正解を出すのはかなり困難ですが，イメージをこころの中で描きながら，判断するのは難しくないのです。

シュワルツは下の図を論文で示しているのですが，これを見れば一目瞭然で答えがわかります。こころの中のシミュレーションでここまでたどり着ければ，それはまさに心内シミュレーションが答を出せる推論過程だといえるのでしょう。

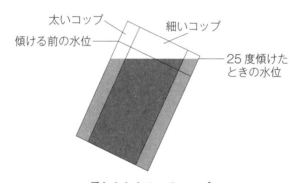

重ねられた2つのコップ

私たちは日常で「わかったつもり」と「腑に落ちた」のギャップは小さくないこともよく経験します。身体を含めた物理的世界とこころの相互作用に，正しい理解を促す作用があるというのはとても面白いことです。

マナブさん アタマでっかちということばがあるけれど，知性はアタマがあればできるものだろうか。今までの身体とこころがからむ話を聞

くと，アタマだけに頼るのはどうなんだろうかと考えこんでしまった。
ミトメ先生 確かに，記号に頼って情報処理を続けていけば，意味が出てくるはず，という話をしたね。これには厳しい批判が出ている。
マナブさん どんな批判なのだろう？

記号だけに頼れない？

「第2の言語として中国語を学ぶことにした。手元には中国語の語彙を中国語で定義・説明した中／中辞典しかない。あなたは中国語を身につけることができるだろうか？」

英国の認知科学者ステヴァン・ハルナッドは「記号接地問題」（1990年）という論文でこんな問いを発しました。さらにこう続けます。「辞書をひっくり返し続けても，それはメリーゴーランドのように意味のない記号・記号列から別の記号・記号列へと際限もなく通り過ぎるだけで，何かの意味には決してたどり着かない」。彼はその後に，もっと現実的な例も出しています。「最初の言語として中国語を学ばねばならない。手元には中国語の語彙を中国語で定義・説明した中／中辞典しかない……」というものでした。

記号のパターンから規則に従って新しい記号のパターンを産み出す，という記号処理・情報処理の手続きを続けていっても，決して現実の世界には届かないだろう，というのです。記号の世界に閉じこもり，記号に頼ることを続けているだけでは，実質的なものは生まれず，広い世界のことも理解できない，という主張です。

実はそれ以前の1980年に，人工知能の可能性について，哲学者のジョン・サールは以下の思考実験をして批判していました。

「英語はわかるが中国語をまったく理解しない人がある部屋にいる。そこには中国語に関するさまざまな操作の規則が英語で書かれたマニュアルがある。部屋の外から別の人が中国語で書かれた文字列を差

し入れると，部屋の中の人はマニュアルにそって文字列を操作し，別の文字列にして部屋の外に提出する。中の人はマニュアルに沿って操作するだけだが，マニュアルがうまくできていれば，最初の文字列が質問なら作った別の文字列は回答になるだろう。中の人はまったく中国語を理解していないにもかかわらず，外の人には理解しているように見える。これは言語を人工知能で処理しているときと同じで，本来，機械は意味がわかっていないのだ」

サールの「中国語の部屋」として有名な記号主義・計算主義に対する批判です。記号の処理をいくら積み重ねたとしても，意味は出てこないというのです。その後，人工知能派からの反論，さらにその反論もありましたが，まだ決着はついていません。

重要なことは，外の世界を直接身体で触れ，経験する，ということのようです。ヒトは，世界のいろいろな事物を見聞きするうちに，それらを区別できるようになり，似たものをひとまとまりにすること（カテゴリー化）ができるようになると，考えるわけです。それは頭の中の知識を駆使するだけではだめで，身体で実際に触れるというような経験が不可欠だといいます。ハルナッドは「いくつか基礎的なことばについて体験で裏付けられれば，それを組み合わせてさらに複雑な概念も作れるはず」と，予想しています。

明確に答えられるわけではないけれど，考える価値のある2つの問題を出してみます。

（1）人工知能は記号を学習するだけで，人間の世界がわかるようになるだろうか？

（2）人間が身体を使って環境と相互作用することと，いろいろな記号表象を使ってこころの中で考えることはどういう関係があるのだろうか？

このような深い疑問を持ちながら，具体的なことを考えてみるのは認知科学のいいところだといえるでしょう。

ミトメ先生 アタマの中に引きこもっているばかりでは，なにもできない。やはり，身体を使って現実を体験しなければ，ということだろう。
マナブさん 身体を持つとなにができるようになるのだろう。
ミトメ先生 まずは身体だけ，という世界を考えるといいかもしれない。

身体とアフォーダンス

　身体を持つということは，単に手や足を持って，何かに触れることができる，持つことができる，歩けるというようなことだけではありません。それは，環境に働きかける術を持った存在であるということでもあります。

　それはもしかすると，記号の処理でこころを考える以前の問題を提起しているのかもしれません。たとえば，単純な制御機構しか持たせていなくても（つまり，たいした知能は持っていなくても）ロボットを環境に放り出せば，まわりとの相互作用の影響から複雑な挙動をするようになるという研究があります（米国マサチューセッツ工科大のロボット研究者ロドニー・ブルックスが1991年にこのようなサブサンプション（包摂）・アーキテクチャと呼ばれる行動システムについて論文を発表しています）（p. 104 Column 参照）。このロボットはリアルタイムで環境とやりとりして行動することでき，最近実用化されている自動お掃除ロボットはこの発展形です。身体性という視点からの認知科学的研究は，このあたりからも重要になってきました。

　身体性という考え方をもたらした萌芽は，アフォーダンスという考え方です。たとえば，取っ手のないコップがあればヒトはそれを握るように持つ，取っ手があればそれを指で引っ掛けて持ちます。こういう使い方に自然にヒトを導くわけですが，なぜ，自然なのでしょうか？　アフォーダンスの見方では物の形がヒトにある特定の運動をダイレクトに引き起こしていると説明されます。環境が提供する（ア

フォードする）価値や意味とヒトの行為との関係をアフォーダンスというのです。従来からの考え方「モノを概念的に認識し，それを記号的に処理した結果として運動が出力される」という考え方から離れて，環境にあるモノを知覚することと運動がダイレクトかつ不可分に結びついていることが重要だといいます。言い換えると，アフォーダンスには，記号操作はかならずしも必要でないというわけです[1]。

　このアフォーダンスという考え方を支持するデータが，ミラーニューロンを発見したイタリアの神経科学グループから出ているのは興味深いことです。それはこんな実験からでした。イタリアの研究グループが，さまざまな「つかむ」行為をしているときのサルの脳の運動前野にある神経細胞の様子を見ていたときのことです。自分がものをつかむ行動を取るときに発火する神経細胞のうちに，つかむことのできる対象を見ただけでも発火する神経細胞があることがわかったのです（これをカノニカル［標準］・ニューロンといいます）。さらに，2本の指を使ってつかむ場合だけ発火する細胞，手の全体を使って大きなコップ状のものをつかむ場合だけ発火する細胞も見つかっており，この一部は，それらの対象を見ただけでも発火するといいます。ミラーニューロンは他人の行動で活動する神経細胞ですが，カノニカルニューロンの方はアフォーダンスに対して活動する神経細胞です。他人の身体と自分が相互作用する物体のそれぞれを認知するシステムが備わっているというのは興味深いことです。

---

[1] アフォーダンスは，米国の心理学者ジェームズ・ギブソンが提唱した概念で，環境という存在を重んじるため，この概念を使う考え方を生態心理学といいます。ギブソンの表現は理解されにくい場合も多いようです。しかし，身体とこころの関係を考えるときには，アフォーダンスは大きな意味があり，実証的に検討されるようになってきています。認知科学者のドナルド・ノーマンは，アフォーダンスを「人をある行為に誘導するためのヒントを示すこと」と考えて，ヒトと道具・機械の接触に関する利用を幅広く考えました。こちらは「知覚されたアフォーダンス」と呼ばれます。コップの取っ手の有無とそれの使い方の違いはノーマン流のアフォーダンスです。

環境のあり方がヒトの行動とあるがままに適合してしまうのがアフォーダンスだとしても、そればかりで身体の役割は済みそうもありません。身体に言語が加えられると、そこにもっと豊かで複雑な世界を持ち込むのです。

身体と触れ合う世界

身体が世界と向かい合うことが、ヒトの認知にどんな影響を与えているかを見ることは大事なことです。ここでは、それがことばにどんな影響を与えているかということに絞って紹介しましょう。

そもそも、ヒトの認知の基礎とは、世界を違いで切り分けること、つまり、身の回りのありとあらゆるものをカテゴリーに分けること。そう考えても、さほど間違いはなさそうに思えます。身体が世界と触れ合って、世界を切り分けようとすると、生まれるのはことばなのです。

ことばはなんのためにあるのか？という問いに対する答えの1つは「世界をバラバラにして理解するためである」といわれます。バラバラにして理解することを「分節化」といいますが、それは、身体と世界の複雑なつきあい方を反映して、驚くほど多様だということがわかってきました。今井むつみの議論にそって考えてみます[2]。

たとえば、「(体を使って) モノを持つ」とまとめられるさまざまな動作を表すことばを考えてみます。英語だと、hold（保持する）でだいたい済んでしまいます。have（所有する）、take（手に取る）は、少し意味がずれるでしょう。

日本語ですと、持つ以外に、担ぐ、背負う、抱えるなどがあります。対象がモノではなく人や生き物だと抱く、おぶうという場合もありますね。「持つ」場所と格好、持つ対象が少しずつ違うのに気が付きます。英語に比べると、抽象性からやや目に見える具体性が高くなっている

---

[2] くわしくは読書案内の『ことばと思考』を参照してください。

といえるでしょうか。

　面白いのは中国語です。「持つ」というカテゴリーに入る動作を表す言葉を探すとたいへん多くなります。20以上もあるそうです。

　頭で支えるのは「ディン」，肩で担ぐのは「カン」，背中に担ぐのは「ベイ」，両腕で前で抱えるのは「バオ」……このへんまでは日本語と似ていますが，さらに細かい表現が存在します。肩から下げるのは「クァ」，片腕とわき腹で挟むのは「ジァ」，手のひらを上にして持つのは「トゥオ」，両手で鉢などの中身をこぼさないように水平を保って持つのは「デュアン」，片手でつかむのは「ナ」，ハンドバッグを引き上げるように手で持つのは「ティ」，ぶら下げるように片手で持つのは「リン」，両手で高く掲げて持つのは「ジュ」，花束を体の前で両手で抱えるのは「ペン」……目に見える形としての具体性がとても多様になっているのがわかりますが，覚えるだけでも大変です。

　これを使い分けるのはなかなか難しいでしょう。今井の調査によると，7歳になっても全部は使い分けられず，大人に比べて6割程度の使用率だといいます。

　なぜ，こんなに中国語の「持つ」は多様なのでしょうか？　先ほどのアフォーダンスという視点で考えれば，持つ対象の様子に応じてアフォードする（＝それに合った）手の使い方が違うからと考えることもできそうです。モノの運び方にも文化的・環境的な文脈があるからかもしれません（アタマに載せて運ぶというのは日本ではある地域でしか見られませんでした。それも今は観光の一部となってしまいましたが）。一方で，日本語ではそこまで分けてはおらず，さらに英語はそのような語彙の種類が少ないというのも，それぞれの言語が文脈をどう作っているかの特徴のためかもしれません。興味のあるところです。

　ヒトがいかに世界を切り分けているかという例を上げてみました。ここは違う，ここも……と区別をしていく，というのが記号，言語の役割だということがよくわかります。

　ヒト以外の動物も，ヒトと同じように身体で世界と触れ合っていま

す。それなのに、彼らの世界はヒトほど豊かではないようです。それはやはりヒト以外ではことばを持たないために世界の切り分けがほとんどできないからだといえるでしょう。世界を切り分けて、ことばというものに映し出すということができるということは、ヒトの知性の1つの特徴ということができます。

ミトメ先生 ヒト以外の動物はことばを持たず、ヒトだけがことばを持つとされる。この違いがもたらすことは大きいはずだ。
マナブさん ことばは世界をくわしく切り取ってくる力があるね。それがあれば世界についてくわしく思考することができるはずだ。それがヒトの行動を動物とはっきり分けているのではないかなあ。
ミトメ先生 ことばを持つということの意味をじっくりと考えてみるのは大事だね。

ことばを持つ「意味」とヒトの能力

　身体性だけで処理できる世界と、言語を獲得した後の世界はどのように異なるのでしょうか。

　身体性による処理は、アフォーダンスという概念からもわかるように「いま・ここ」という場に限られるでしょう。それに対して、言語を持っていると「いま・ここ」という限定された枠から自由になることができます。

　発達途中のヒトがことばを学ぶのは、ある状況・文脈特異的に学ぶしかありません。まさにトレーニング・オン・ザ・ジョブです。しかし、学んだことばは、そういう状況や文脈を超えて、普遍的にいつでもどこでも使うことができるのです。「いま・ここ」でヒトは現実に「接地」していますが、ことばを使えば、そこから飛び出して、過去の出来事も考えられるし、未来に対する想定もできます。つまり、こ

3章 こころと身体と言語

とばはヒトに仮想的な世界を設定してそれを操作する能力を獲得させているといえます。

 ヒトが「いま・ここ」を離れて、世界が広くなれば、それをきちんと見定めるためにカテゴリー分けがどうしても必要になります。言語は「いま・ここ」を離れさせる力があると同時に、世界を切り分ける力、さらには、世界を多角的に見直して、思考や行動の柔軟性を保つ力も与えていると考えられます。そして、世界をいつも同じ方向から固定して見るのではなく、それまでに学習した知識（それは身体化を通じて現実世界に根っこを持つ知識でしょう）を元に、いろいろな推論方法を駆使して、もっとも蓋然性の高い新しい解釈をすることができるのです。

 時間の枠、場所の制限をはるかに超えて世界を考えることができるのは、ヒトだけの能力だとされています。これまでにチンパンジーに言語を教えるさまざまなプロジェクトがおこなわれたことを前章で紹介しましたが、こんなこともありました。あるプロジェクトでは、チンパンジーを研究者の自宅に住まわせてヒトの子どもと同じような環境でことばの訓練をすることまで試みたのですが、その結果はチンパンジーが実験室でヒトとやりとりするのにジェスチャーやその他の記号を使えるようになることがある程度あるくらいに留まっています。「いま・ここ」を超えて、チンパンジー同士が実際の生活の中でそういう記号を操作して（まるで映画『猿の惑星』のように）コミュニケーションするという報告はいまだかつて存在しないのです。動物でも「いま・ここ」に過去経験した状況（たとえば嫌なこと）と同じことが入ってくると、そこから過去を思い起こして処理できることがあるといいますが、「いま・ここ」の状況からまったく離れて過去の経験を活かすことはできません。だから、多くの動物は遺伝子に刻まれたこと以外のことをするのはなかなかできないのでしょう。

 それに対して、ヒトは過去の経験をことばで整理し、他のヒトと共有し、知性を外部に「蓄積」して「文化」として残していくことがで

きます。個人だけでなく社会としてそれがおこなわれることが，われわれが文明を作った基本のところでもあるでしょう。ヒトが構築してきた文化，文明というものはことばを使って生まれてきたといっても言い過ぎではないのです。ヒトが世界をこれだけ変えてきたのも（正と負の両面がありますが）そのような力の結論かと思うと，いささか考えさせるものがあります。

ミトメ先生 人間の文明論にまでいってしまったが，今のような世界を作っている人間の基本的能力を思いやることは重要だと思う。限界のある地球の上で，限界のない考えを持っている人間が暮らすとはどういうことなのだろうね。

マナブさん 確かにヒトの考えというのは限りないね。だから，地球の上の隅から隅まで，はては宇宙にまでヒトを進出させることができたのだろう。限りない想いを，それほどたくましいともいえない身体で具体化させてきた。これからヒトはどうなるのか，それも考えたいところだ。

Column　身体を持ったロボットは知性を持つのか

　マサチューセッツ工科大学人工知能研究所のロドニー・ブルックスは1986年，条件反射のような単純な行動をするモジュール（たとえば，センサー情報で前にものがあったらすぐに方向を変えるというモジュール）を並べ，それをいくつか重ねた構造のロボットを開発，サブサンプション・アーキテクチャというロボットの作り方として発表しました。昆虫をモデルにして89年に完成したロボット「ゲンギス（Ghengis）」は，12個のモーター，12個の力センサ，2個の傾斜計，2本の触覚などからなり，凸凹のある地形で前を行く

人間についていくよう設計されていました。歩くことと姿勢を保つことだけの簡単な仕組みなのに，環境とうまく相互作用し，安定した首尾一貫した動きをすることで，知能やロボットを研究する人々を驚かせました。これは最近実用化されている自動お掃除ロボットのいわば原型で，身体を持ち行動するだけで，これだけのことができるという証明だったのです。ブルックスは1991年，「表象なき知性」(Intelligence without representation) という論文を書いて，ロボット制作におけるサブサンプション・アーキテクチャの位置付けを明確にしました。身体を持つことを強調したロボット知能，ということが考えられるようになったのは，このあたりが発祥の地といえるでしょう。

日本で，身体を持ったロボットで知能を作ろうというプロジェクトとしては，大阪大学の浅田稔の「認知発達ロボティクス」があります。知的行動が生まれる原理は，ロボットであろうと生物であろうと共通だと考え，知的ロボットの設計・製作を通じて，知的行動の発生を追求しようという試みです（文献 [4] を参照）。

ここで「認知発達」という意味は，天下りにロボットのコンピュータ内に「知性」を作りこむのではなく，「他者を含む環境を介して（社会性），ロボット自身が自らの身体を通じて（身体性），情報を取得して解釈していく能力（適応性）と，その過程をもつこと」ということだといいます。プロジェクトでは，胎児や新生児の発達の観察，シミュレーションなども参考に，ロボットをあたかも育てるようにして知性の誕生を目指しています。

もちろん，ここで作られる知性がヒトのそれとまったく同じものかどうかは，不明でしょう。浅田は，鳥を真似ずに人間の飛行を実現した飛行機の設計という例をあげ，（鳥の羽か飛行機の翼かというような）表層的なことにはこだわらず，根本的原理を見極めることが必要というのです。

日本の研究者が提唱し，浅田らも参加しているロボットによる競技会「ロボカップ」は，「2050年までに人間のワールドカップサッ

カー優勝チームに勝てる，自律移動のヒューマノイドロボットのチームを作る」という大きな夢を標榜して，人工知能とロボット工学の研究推進の刺激剤となっています。

身体性と知能についての関係について，ヒトでの解明はまだまだこれからといっていいでしょう。知能と身体の両方を実装しようというロボットの研究もまだ始まったばかりです。たとえば，電波が届くのに数分以上かかるような地球から遠く離れた宇宙での探査ロボットでは，リモートコントロールはうまく生きません。そこで，身体を持ち環境と相互作用した上で，自律的な判断ができる知能ロボットが必要とされています。このようなロボットの研究は，基礎的な原理の追求と実利も含めて楽しみな認知科学のチャレンジではないでしょうか。

■3章の読書案内

・今井むつみ『ことばと思考』（岩波新書，2010年）

ことばが世界をどう切り分けているかについてなど，ことばの認知科学について幅広く取り上げています。

・安西祐一郎ほか編『岩波講座　コミュニケーションの認知科学1　言語と身体性』（岩波書店，2014年）

記号接地問題を言語と身体性という面から詳述していますが，高校生にはやや難しいかもしれません。

・道又爾ほか『認知心理学――知のアーキテクチャを探る　新版』（有斐閣，2011年）

・箱田裕司ほか『認知心理学』（有斐閣，2010年）

どちらも認知心理学の標準的な教科書。大学生向けですが，高校生でも読みこなせるでしょう。認知心理学は認知科学にほぼ重なる分野といっていいのですが，人工知能や情報科学系の話題はやや少ないようです。

・ロルフ・ファイファー，クリスチャン・シャイアー『**知の創成——身体性認知科学への招待**』（石黒章夫ほか監訳，共立出版，2001年）

　身体を持ったロボットを創ってその知性を考えるという構成論的な立場をとるユニークな認知科学の教科書です。大きく高価な本ですが図書館などで見ることができます。

・ジャコモ・リゾラッティほか『ミラーニューロン』（柴田裕之訳，紀伊國屋書店，2009年）

　ミラーニューロンの発見者たちによる解説です。これからも発展する分野だと思われます。

4章 動物らしさ vs. ヒトらしさ

　認知のシステムを持っているのは、ヒトだけではありません。もっともヒトに近い動物とされるチンパンジーを始めとして、いろいろな動物が自分のまわりの情報をやりとりし自分の行動を変えていく認知のシステムを持っています。そこに現れるヒトとその他の動物の違いとはどのようなものなのでしょう。また、ヒトも生まれた時から大人になるまで認知のやり方はいろいろと変化をします。その基本的な仕組みはいったいどのように働いているのでしょうか。

ミトメ先生　まずは、動物はヒトとは違う世界に住んでいるということから始めよう。

マナブさん　地球の上ということでは同じではないのか。

ミトメ先生　それぞれの動物は見たり聞いたりする視点が独自なのだね。そういう意味でヒトとその他の動物は違う世界に住んでいるといっていい。多分、考えていることも違う。でも一緒に暮らしていると同じようになるかもしれない。そんな話から始めよう。

あなどれない動物の認知システム

　認知システムの基本として、世界を知るための知覚機能があります。ヒトなら視覚、聴覚などの感覚です。動物の中には、特定の機能を研ぎ澄ませて、ヒトとはまったく違う世界を見ているものがいます。彼らは、私たちヒトとは違う世界に生きているといっていいでしょう。

イルカの「音」の世界

　イルカは，まわりの様子を見る眼もまわりの音を聞く耳もありますが，さらに数十キロヘルツ～百数十キロヘルツという超音波を発して，水中を「見る」能力があることはよく知られています。

　それはどのように働く仕組みなのでしょうか。イルカのおでこのてっぺんには「鼻の穴」にあたる噴気孔があり，その奥には空気の流れで振動する一対の脂肪の塊があります。これが超音波を発する音源で，そこから出た音はそのすぐ前にある脂肪の塊「メロン体」の音響レンズ機能で細く絞られ，前方へ超音波ビームとして発射されます。超音波ビームは，対象物に当たると反射されて戻ってきて，下顎の「窓」のような部分から入り鼓膜に伝えられます。もちろん彼らは自分の出した超音波がよく聞こえる耳を持っているのです。

　彼らの「ソナー装置」はどのくらいの精度があるのでしょうか。実験によると，ハンドウイルカは水平・垂直方向で，ともに2度以内の精度で反射音の来た方向がわかるといいます。どのくらいの大きさのものが正確にわかるのでしょうか？　ハワイ大の実験では，直径2.5センチ，ピンポン球程度の大きさの金属球があるかどうかを，70メートル離れても9割正しく当てました。イルカの出す超音波の波長は8センチ程度というから，そのくらいの長さのものなら分離して認識する力も備えているようです。対象物体の形もある程度認識しているのではないかとも考えられています。彼らは，遠くにあるものなら，超音波の強さを強め（つまり大きな声を出して）反射音がきちんと返ってくるように焦点調節もしているそうです。まさに彼らは超音波を使って水中の世界を「見ている」のです。ヒトの認知している水中世界とは随分違った世界なのでしょう（赤松友成『イルカはなぜ鳴くのか』文一総合出版文献，1996年，や文献［5］が参考になります）。このようなイルカの「ものの考え方」は，ヒトとはそうとう違うものでしょう。

オオカミからイヌへ

1つの種が持っている認知システムはずっと不変なのでしょうか。ヒト以外の動物の研究を見ると,時を経て認知システムが変化することがあるのがわかります。たとえば私たちがもっとも親しんでいる動物の1つであるイヌでその例を見てみましょう。

ヒトとイヌがともに暮らしている最古の証拠は,ドイツ・オーバーカッセルの1万4000年前のヒトの墓から発見されたイヌの下顎骨です。そのほかにも,1万年前ほどのヒト・イヌ共存の証拠はユーラシアからアメリカにかけていろいろ発見されています。日本でも1万年前,縄文時代の貝塚からイヌと見られる骨が発見されています。

イヌはどこから来たのでしょうか？ 世界にいるいろいろなイヌからDNAを採取しその塩基配列を調べて系統樹をつくる研究から,イヌはどうやらオオカミが家畜化されたものであるということがわかってきました。オオカミとコヨーテのミトコンドリアの遺伝子の違いは7％あるのに対し,イヌとオオカミは1％しか違わないのです。世界各地のイヌ,オオカミの遺伝子を詳細に調べた結果,イヌは今から2万年前から1万5000年前の間に,東アジアで家畜化されたと推測されます。狩猟採集生活に役立つというのが最初だったと思われますが,その後,ヒトが定住し農業生活を始めるようになってからは,ヒトはイヌにいろいろな仕事を与え,その結果幅広い品種のイヌが誕生したのだろうと考えられます[1]。

オオカミとイヌでは,体型,行動,そしていろいろな認知機能も異なっています[2]。

イヌの性格を考えてみると,他のイヌとの社会的関係をうまく作り出していたり,種の違うヒトとの間で柔軟なコミュニケーションを可

---

[1] 現存のオオカミとは別種のより温和な性格のオオカミが家畜化されたという説も最近でています。

[2] イヌの認知科学については,『動物心理学研究』59巻1号の「特集：イヌの行動学・心理学」の各記事を参考にしました。

能にしたりしているのは，驚きです。特にヒトと協力して何かをする，たとえばヒトの指差しなどのジェスチャーを手がかりにして隠されて表からは見えないエサを探したりする認知能力について，イヌはチンパンジーよりもいい成績を収めることが知られています（なんの手がかりもなしに自分で見つけるということになると，チンパンジーにはかなわないのですが）。確かにイヌは，飼い主の命令をよく聞くし，さらにその顔色をうかがいながら暮らしているように見えます。オオカミは自分たちの群れの中で暮らしていくだけですが，イヌはヒトという自分とはまったく異種の動物がつくる社会の中で非常にうまく生きていく方法を身につけているようです。ヒトに飼われたオオカミでもそういうことはなかなか難しいのです。オオカミにはなかったと思われるこうしたイヌの社会的知性・認知能力はどうやって得られたのか，いくつか仮説がたてられてきました。

まず，①ヒト社会の中で育つうちにそのような社会的知性を身につけたのではないかと考えるとどうでしょうか。しかし，ヒトの指図を気にするというのは子イヌのときから身につけている性質で，成長とともに身につけるわけではないようです。では，②前提を変更し祖先であるオオカミのときからそのような社会的知性を持っていたと考えてみましょう。確かに，オオカミは群れをなして狩りをするので，可能性はあります。しかし，オオカミは，イヌでやったのと同じ「隠されたエサ探し」の実験をしても，イヌのようにヒトのジェスチャーなどの手がかりを利用することはしません。これも当たっていないようです。

そこで，最後の仮説は，③1万年を超える家畜としての暮らしの中で，ヒトとの関係をうまく使う性質が進化的に残ったと考えるのはどうでしょうか。ヒトは家畜としてイヌを飼ううちに，よくいうことを聞く，指図に従うなどよいと思われる性質の個体に好意を持ち，それらの個体とその子を残してきたと考えてもいいでしょう。この過程の中で，身についた性質がヒトとの関係を大切にする社会的知性・認知

能力だというわけです。このような仮説を立てたとしても、実際の過程は過去の出来事なので検証するのは難しそうに思えます。ところが、同じようなことをやってみる実験がおこなわれたことがあるのです。それはキツネの実験でした。

キツネの家畜化からわかるもの
　旧ソビエト連邦・ノボシビルスクのソビエト科学アカデミーシベリア支部に着任した遺伝学者ドミトリー・ベリヤーエフは、その支部の細胞学・遺伝学研究所長として、1959年からギンギツネ（日本などにいるキツネと同じ種ですが色が異なる）を人為的にある基準のもとに選択して何代も継続飼育することを始めました。何を基準にするかというと、「人間を怖れないかどうか」という点です。生まれてから月に1度、オリ内外で実験者の手からエサを食べるかどうかをチェックされます。その他は訓練もしないし、エサを食べさせるだけです。最初オス30頭、メス100頭で始め、生まれた子ギツネは生後6〜7ヵ月で残すかどうかが決められます。子ギツネはオスで4〜5％、メスで20％しか残されません。ベリヤーエフはこの人為選択を自らが亡くなる1985年まで26年間続け、その後も後継者によって同じ実験が現在まで続けられています。

　40年を経て、キツネはどうなったでしょうか。もちろん、ヒトに会っても警戒することはせず、しっぽを振り、愛想の良さを見せます。しかし、変わったのはそのような態度だけではないのです。外見では、身体の白い部分が増え、くるりとした短めのしっぽになり、耳は垂れ気味に変化しました。見かけはまるで子イヌのようです。しかも、イヌのようにヒトのジェスチャーなどをうまく利用することに長けていました（これは選択をしなかったキツネにはできないことでした）。つまり、40年間の家畜化で、キツネはすっかりイヌと同じようなヒトとの関係を大切にする社会的知性・認知能力を身につけたといえます。1つの「種」で、その認知能力は決して固定したものではなく、時間とと

もに変わっていくことがあるという事実がよくわかったのです[3]。

ひるがえって自分たちを見ましょう。ヒト社会という枠，あるいは組織の中で暮らしていくことが，ヒトの認知の傾向に何かしらの影響があったかもしれない，と思わせます。

マナブさん ヒト以外の動物にもいろいろな認知能力があって，彼ら独自の世界があるということがよくわかった。それは進化という出来事にも関係があるのだね。

ミトメ先生 ここではイルカしか紹介しなかったが，たとえば，超音波ソナーを持っているのはコウモリもいるね。彼らがエサとする昆虫とどのように付き合っているかについてはなかなか面白い話もあるね。しかし，ここでは，さらにヒトに近いチンパンジーの話に進めよう。

動物とヒトはどう違うのか

チンパンジーはどこまでヒトと同じように考えることができるのでしょうか。

野外，自然の中のチンパンジーたちは，自分たちの力だけで多くのことができます。その中には，木の枝でアリを釣り取ったり，台石の上にアブラヤシの硬い実を載せ，石のハンマーで叩き割ったりと，いろいろな道具使用を見せてくれます。これらはチンパンジーがヒトと同じような知性を持っているかもしれない，と思わせるシーンです。

実験室でヒトが懇切丁寧に教えれば，チンパンジーはさらにいろいろなことができる，ということがわかります。たとえばヒトに近い色の認識と分類能力を示すこと，形を認識し記号の使用が可能なこと，記号とヒトの対応（名前付けの原形か）ができること，絵文字を使っ

---

[3] キツネの家畜化については文献 [6] によっています。

た人工言語を習得し，数字・数を認識し記憶すること……と多彩です。範囲を限れば効率や速度でヒト以上の能力を見せることもあります。

数字の短期記憶実験

　この本の著者の1人，名古屋大学の川合伸幸は，京都大霊長類研究所に住んでいる有名な天才チンパンジー，アイを対象にして，その能力がヒトとどう違うのかをくわしく調べたことがあります。

　ヒトは即時に覚えられるのは4項目程度だという話をしました。では，同じ短期記憶についてチンパンジーは，どの程度の能力を持っているのでしょうか。画面にいくつかの数字を出し，小さい順にタッチしていくという課題をチンパンジーに与えました。ただし，一番小さい数にタッチすると，その瞬間に残りの数字は□で隠されてしまうので，あとは記憶に従ってタッチしないといけません。アイは3つなら90％，5つなら65％，6つでも30％の正解率で（偶然なら0.14％の正解率になります），ヒトの小学生と比べて十分に太刀打ちできる短期記憶力をもっていることが分かりました。

　ここで興味深いのは，数字の中に同じ数字を複数個入れてみた実験です。トランプのポーカーの役になぞらえれば，ワンペア（例１２２３４），ツーペア（１１２２３），スリーカード（１２２２３），フルハウス（１１２２２）というような数字の組を出したとき，どう反応したでしょうか。同じ数字があると，そのどちらを先にタッチしてもいいというルールなので，全部違う場合に比べればタッチするやり方は増えるのが相違点です。だから，問題としては，全部違う数字の場合よりやさしくなっているはずなのです。結果を見ると，チンパンジーでは最初にタッチするまでの時間が長くなりました。迷いがあるらしいのです。一方，ヒトでは時間は変わりません。川合は，ヒトは「2が3つ」とか「1が2つ」というように同じ数字をまとめて情報を圧縮する処理をしているとみられるが，この場合のチンパンジーはそれをしないようだと考えました。

たとえば9つのアルファベット列「FBICIAKGB」を覚えるのに,「FBI」「CIA」「KGB」という3つに圧縮すれば,記憶は容易になります。このようなヒトがよくおこなう情報をまとめる処理をチンパンジーはできないようなのです。

推移的推論はできるか

ヒトは論理を使います。たとえば,A,B,Cと3つの事柄があって,「AならばB」,「BならばC」が成り立つとき,「AならばC」を導いてくることができます。「明日は日曜日」「日曜日にレストランQは休み」「明日はレストランQは閉店だ」という具合です。これは「推移的推論」といいますが,こうしたこころの働きが,ヒト以外の動物ではできるのでしょうか。

川合はチンパンジーにいくつかの色をルールに従って見せ,そこから推移的推論ができるかどうかをテストしました。赤,黄,緑,桃,灰という5色に対して,|赤→黄|,|黄→緑|,|緑→桃|,|桃→灰|という2色ペアーの順番を4つ示すことで5色全体のあるべき順番(赤→黄→緑→桃→灰)を教える。十分覚えたら,この5色の順番の中には含まれるが直接示されてはいない順番たち |赤→緑|,|赤→桃| |赤→灰| |黄→桃| |黄→灰| |緑→灰| などが推論できるかどうかを確かめるという実験です。アイはこれにも十分な正解率を示し,チンパンジーには推移的な推論ができる能力があることがわかりました。実は,南アメリカにいるリスザルも推移的推論ができることが知られています。

対称性についての奇妙な結果

Aという事象が起きたあとにBという事象が起きると,根拠はなくても,AはBの原因,それも唯一の原因と考えてしまうくせ(バイアス)がヒトにはある,と紹介しました。このようなくせを対称性バイアスといい,「AならばB」が成り立てば「BならばA」も成り立つ,

つまり「逆も真なり」と考えるやり方が対称性推論といいます（2章参照）。

　人間では、まだ言葉がしゃべれない8ヵ月の赤ちゃんでも、この対称性バイアスを持っています。今井むつみらは、2種類の外見が異なるおもちゃと2種類のボールの動き（カーブする動きとジグザグの動き）を組み合わせて赤ちゃんに見せてそれらを注視するかどうかの反応を見るという実験をおこないました。いくつかの「動き→おもちゃ」の組み合わせを何回も提示して慣れさせた上で、体験していない見せる順を逆にした「おもちゃ→動き」が区別できるかどうかで、対称性バイアスがあるかどうかチェックをしました。すると、赤ちゃんは確かに見せる順を逆にしても区別する対称性バイアスを持っていることがわかりました。

　では、チンパンジーではどうでしょうか？　同じような実験を7頭のチンパンジーに試してみたところ、1頭だけ対称性バイアスを持っているように見えたほかは、対称性バイアスを持っていることは示せなかったのです。つまり彼らのほとんどは「AならばB」が成り立っても「BならばA」とは考えないのです。

　実は、チンパンジーが対称性バイアスを持たないという事実は、チンパンジーの認知実験が始まってすぐに見つかっていました。

　京都大学霊長類研究所で、1978年からチンパンジーの認知能力を調べるアイ・プロジェクトを進めた松沢哲郎によると、図形文字を使って品物の名前と色を教えるという最初の勉強過程でこのようなことがわかりました。チンパンジーに見本として赤い色の品物を見せ「赤」を意味する図形文字を選ぶように学習させてできるようになったあと、逆にその図形文字を見本として見せてその色を選ぶという課題をさせると、チンパンジーはこれが正しく選べなかったのです。人間ならたやすくできるものなのに、チンパンジーにはできません。これはたいへん奇妙な結果でした。その後、くわしい実験もおこなわれ、実験条件や個体によっては持つこともまれにありますが、基本的には人間に

は当たり前の対称性バイアスはチンパンジーにはなく，対称性推論はできないとされています。これはもしかすると，とても大きなヒトとの違いなのかもしれません。

ヒトをもっとも近いチンパンジーに比べても，圧倒的な知性の差があります。その起源は何にあるのでしょうか。

ミトメ先生 序章などでも触れたけれど，ヒトのモノの考え方って論理的ではないとよくいわれる。それは悪いことだろうか。

マナブさん やっぱり，理屈に合わないっていうのはまずいのではないかなあ。

ミトメ先生 切羽詰まったときに，理詰めで考えていくのはしんどいし，新しい考えもわいてこない。拙速でも，新しい方向性を見出し，とりあえずやってしまうのはヒトの知恵かもしれない。ヒトってこれまでもそうやってきたのではないか，という話をしよう。

ヒトの認知システムの基本を探る

親が子どもにこんなことをいいます。
「勉強しないなら，日曜は遊びに行かないよ」
子どもはこう考えます。
「勉強すれば，日曜は遊びに行くんだね」「勉強したら，それだけで日曜は遊びに行ける」

つまり，子どもにとって勉強することと遊びに行くことは等価なことです。親にとってはかならずしもそうではありません。

子どもと親のいうことにはギャップがあると，あなたは気がつきましたか。

論理学的に考えてみましょう。

勉強するをp，日曜に遊びに行くをq（pでない，は$\bar{p}$とする）と

してみます。

　親は「$\overline{p} \to \overline{q}$」と考えていますが、子どもは「$p \to q$」、または「$p \leftrightarrow q$」と考えています。論理学でよく知られているように、「$p \to q$」であっても「$q \to p$」「$\overline{p} \to \overline{q}$」が成り立つとは限りません（逆や裏はかならずしも真ならず！）。かならず成り立つのは、いわゆる対偶だけです。親はこの対偶の形で述べているとすれば、もともとの親の主張は「日曜に遊びに行くためには、勉強しなくちゃ」ですね。勉強はあくまでも必要条件であって、ほかにも遊びに行くための条件が加わる可能性があります。

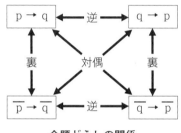

命題どうしの関係

　子どもは、「$\overline{p} \to \overline{q}$」（あるいは「$q \to p$」）といわれても、「$p \to q$」と考えてしまう傾向があります。「$p \to q$」と「$q \to p$」を同じだと考える傾向、これはつまりこれまでに何度か出てきた対称性バイアスです。ヒトは子どもだけでなく、大人でも対称性バイアスを持った推論＝対称性推論をしやすいというのは前に触れました。これはどうしてなのか、というのがここでの問題なのです。

　対称性というものがあれば、それはいわば「一を聞いて十を知る」システムというものかもしれません。$A \to B$、$B \to C$という前提から、推移的推論が使えるならば、$A \to C$という新しい情報を手にできます。さらに、対称性推論というものを使えば、$B \to A$、$C \to B$、さらに$C \to A$という情報まで手に入ります。つまり、推移的推論と対称

性推論という方法を持っていれば，2つの前提からさらに4つ，合計で6つの結果を手に入れることになるのです。2を聞いて6を知るわけです。

とにかく世界を急いで広げたい，知識をとにかくたくさん持ちたいというときにはこの方法は強力です。そのために，ヒトはこの方法を使い続けてきたのではないでしょうか。

問題は残ります。対称性推論は，つねに正しい事実を示すわけではないのです。だから，場合によっては大きく外すこともありうるのです。

「リンゴは赤いこぶし大で表面がつるつるしている果物だ」から「この赤いこぶし大で表面がつるつるしている目の前の果物はリンゴだ」といってもだいたい合っているのではないでしょうか（似た果物はほかにもありますが……）。しかし，「あの人と結婚すれば幸せになる」が正しいとしても「幸せになるにはあの人と結婚する以外にない」という「幸せなら，あの人と結婚している」という結論には外れも多いでしょう。ほかに幸せになる道はいくらでもあるからです。ヒトはついつい対称性推論をしてしまいがちなのです。間違った推論はなんとかしないと，ヒトは道を踏み外してしまうのではないでしょうか……。

推論の基本

新しいことをどんどん学んでいくためには，推論，つまり持っている情報に基づいてそれまで持っていなかった結論を得る過程が欠かせません。ここでは，これまで妥当だと考えられてきた推論の型についての基本をまとめておきましょう。

主として3つのパターンの推論が重要です。それは演繹推論，帰納推論，そしてアブダクション（発想推論，仮説推論などともいわれる）です。

演繹推論（英語ではデダクション＝ deduction）

いくつかの前提から論理的に結論を導くやり方です。たとえば，平面幾何学における証明は，演繹推論のいい例です。前提が正しく，論理の法則から外れていなければその結論は正しいのです。

帰納推論（英語ではインダクション＝ induction）

観察されたいくつかの具体的事例から，それらを共通に成り立たせる一般的な結論を引き出すやり方です。たとえば，「これまで国内で見たカラスは皆黒かった。だから，カラスは黒い鳥だ」という推論です。しかし，これからの観察で，この結論をひっくり返す事例（反例）が出るかもしれません。だから，結論の論理的な正しさは保証されないのです。

アブダクション（abduction，発想推論，仮説検証推論など）

ある新奇なことがらに対し，ある仮説でそれが説明でき，他に説明の方法がないときは，その仮説はたぶん正しいとする推論です。仮説は他のことがらで検証され，検証されれば仮説の正しさはさらに確実になります。検証がうまくいかなければ他の仮説を探さねばなりません。

この3つの推論パターンは，科学で新しい発見をして正しさを検証するときにどのような方法を取ればいいか，ということについて科学哲学などの分野で考えられてきたものです。演繹推論は正しさには問題がないのですが，新しいことを考えるためには（前提から離れることもありうるので）向いていません。一方，帰納的推論は，新しいことをいえる可能性は高いのですが，観察したものの範囲が限られていれば，その正しさにはあやふやさが残ります。そこで，仮説を立てることで新しいことを提唱し，その正しさを一歩一歩検証・確認していくというアブダクションが，科学発展のための妥当な方法論として採

用されているのです。

ミトメ先生 ヒトは2種類の認知システム，スローシステムとファストシステム，つまり速く判断を下すシステムとじっくり結論を出すシステムを持っているといわれる。推論についても同じようなことがいえそうだ。
マナブさん 2つがお互いに補い合うというわけか。
ミトメ先生 そうだ。速いが間違いやすいシステムと遅いが修正が効くシステムと言い直してもいい。アクセルとブレーキかな。

ヒトの知性をがっちり支える道具＝アブダクション

　ヒトが大好きな対称性推論は，アブダクション＝仮説検証推論と深い関係がある，というと驚くかもしれません。

　演繹的推論の代表である三段論法は次のようなものでした。ここでAは前提，Bは結論です。
　「AならばBである。Aであることがわかった。従って，Bである」
　アブダクションだと次のようになります。Aは仮説，Bは説明すべきことがらです。
　「AならばBである。Bである。ならば，Aが成り立っていると考えてよい」

　注意深く読めば，2つの論法では後段でAとBの位置がひっくり返っていることに気がつきます。Aという仮説を確実なものにするために「BならばA」と考えてみようというのがアブダクションですが，これは，「AならばB」と「BならばA」を同じものと考える傾向＝対称性バイアスのかかった思考と同じということになります。ア

ブダクションは実は対称性推論の仲間なのだと考えてもいいことになるわけです。

　科学的な発見のための論理であるはずの方法論が，実は対称性推論に重なっているのは偶然ではないでしょう。ここまで見てきたとおりその方法によって得られる情報の豊かさのためにそれを使っているのだと考えられます。

　ヒトは，世界にあるものすごくたくさんのモノに囲まれ，その情報を適切に処理しながら生きていかないといけません。何も知らずに生まれてきた赤ちゃんがだんだん大きくなるとき，まさにそういう状況に放り込まれているといえます。できるだけ多くのモノをできるだけ速く効率的に処理し，自分のシステムを作っていかなければならないのです。それができないと生きていけないでしょう。

　ヒトが身につけるべき知識はバラバラなものであっては使えません。要素があるだけではなく要素同士の関係性があるように作っていく，つまりシステムになっていないと，働かせることができないのです。単発の「要素的知識」がバラバラに収められていては働かない状態となります。要素同士の関係がわかって初めて働く一貫したシステムができる。これには，けっこう時間がかかりそうです。しかし，その一方で，要素そのものがなければやはり働きようがありません。だからとにかくなるべく早く，なるべくたくさんの要素を手に入れるのがいい……。

　たとえば，ことばを身につけるとき，1つの新しいことばの意味を理解するために，すでに持っている知識を使い，ことばを話した人の意図をいろいろな手がかりでつかもうとし，前後の文脈から判断し……と，入手できるすべての材料を総動員して一番もっともらしい答を出しているはずです。このとき，論理的整合性ばかりを気にしていては対処することが不可能になってしまいます。そのときには，2を聞いて6を知る対称性推論は知識を多くするためにはたいへん有用だといえるわけです。演繹推論は間違いを犯さないが，結論はいわば前

提の中に含まれており,世界が広がることがありません。

　たとえば「風邪を引くとくしゃみが出る」という知識は,「くしゃみが出る人は風邪を引いている,だから伝染らないようにするには,近くに寄らないほうがいい」というところまで推論して役に立つことになります。しかし,くしゃみは風邪以外でも出ることがあり,その(対称性)推論はかならずしも正しくありません。

　このような間違いに気をつけて修正しながら,さらに推論を続けていくのはアブダクションの役割です。アブダクションが優れているのは,仮説としてどんなものを持ち込んでもいい,ということでしょう。ヒトはある程度育てば多くの知識を持つようになります。アブダクションではこれまでに学んで持っている知識を自由に仮説として使えます。これに対して帰納的推論は,前提とした具体例から外へは出ることはありません。それだけで,便利さは圧倒的になります。

　動物は,よく起こることかどうかという根拠で判断をする統計的推論はするし,耳で聞いたこと眼で見たこと,体験したことの対応付けもします。しかし,知識を一般化してどんどん貯めこんでいくということ——ヒトなら赤ちゃんのときからいつもおこなっていること——を,ヒト以外の動物はしません。だから動物はアブダクションはできません。アブダクションのできないチンパンジーは,いくら勉強させてもヒトのようなひらめきは見せないのです。教えたことそのもののみをじわじわとできるようになるだけだといいます。これに対してヒトはどこかで,今までできなかったことが急にできるようになります。

　アブダクションというのは,現実の問題に対し知識を使ってものすごく蓋然性の高い(つまり,いかにもそれらしいという意味です)解を求める方法です。これを会得したことがヒトの知性をここまでにしているといってもいいのではないでしょうか。

発達とは学び続けること

　ヒトは学び続ける動物です。赤ちゃんの認知発達は興味を持ちながら行動し続ける過程です。それは，練習に練習を重ねて技を身につけ深めていく「熟達」を何度も何度も重ねているようにも見えます。もちろん，脳を含めた身体もどんどん変わっていくので，その影響も受けながら，認知を鍛えていっているようです。

　赤ちゃんは母親のお腹の中で学び始めます。赤ちゃんの聴覚は胎内で６ヵ月を過ごしたころには完成し，母体の音だけでなく外の音も聞くことができるといいます。最初に学ぶのは音声的な特徴，韻律（プロソディ）です。音の高さ，強さ，テンポ，リズム……それはことばのアクセントやストレス，イントネーションにつながりますが，まだ赤ちゃんはそんなことは知りません。しかし，胎内学習のおかげで，生後２日の赤ちゃんは聞いていた母語と聞いていない外国語の違いがもうわかります。

　生まれてからも赤ちゃんは耳を澄ませ学び続けます。母音の聞き分け，子音の聞き分けも次第にできるようになります。そういう韻律を身につけることで，ことばの「単語の切れ目」がわかるようになっていきます。これができないと，単語そのものが認識できず，いくらことばを聞いてもいろいろな音の長い羅列にしか聞こえないことになるので，耳を澄ませることはとても大事なのです。赤ちゃんはそれを聞き覚えた母語の特徴や確率的にどのような音が続くのかというようなところから判断するといいます。

　脳という複雑なハードウェアの発達とともに，機能も変化する例を紹介しておきましょう。

　日本人は英語のＬとＲの発音の区別がつきません。rice（お米）だかlice（シラミ）だか，大人には区別しにくいのです。ところが生後間もない赤ちゃんはこれが区別できます。しかし，すべてを厳密に区

別し続ける時期は続きません。日本語ではrとlの区別をする必要がないから，生後9ヵ月を過ぎ1歳くらいまでには赤ちゃんも区別がつかないようになっていってしまいます。

このような赤ちゃんの知覚能力が整理され，不必要な情報への注意が刈り込まれていく現象は，音声的なものだけでなく顔の認識（たとえば自分たちと同じ民族の顔は認識しやすいが違う民族の顔は同じようにみえる）といった現象に現れます。パーセプチュアル・ナローイング（perceptual narrowing，知覚が狭くなる，という意味）と呼ばれている現象です。そこだけは知覚能力が落ちたように見えるのですね。ハードウェアとしての脳の発達とからむ時期には不思議なことがいろいろ起こります。しかし，それぞれに進化的な意味があるはずなのです。

Column 脳をのぞく──画像撮影装置の発展

ヒトのこころが動くとき，脳が活動する。ならば，脳の活動を見る方法があれば，こころを見ることができます。ヒトの脳を調べるといえば，それ以前は，脳外科手術のときに電極を刺すなどしかできませんでしたが，脳の画像撮影の開発は神経科学を一段と発展させ，認知科学を進める大きなカギとなってきました。

断層画像を撮影する装置は医療用に開発されてきました。X線CT（computed tomography：コンピュータ断層画像）は1970年代後半から実用化され，一足遅れてMRI（磁気共鳴画像）が1980年代後半から現れました。CTの発明者は1979年，MRIの発明者は2003年にノーベル医学生理学賞を受けています。

CTもMRIもどちらも身体に傷をつけることなくその内部を調べることができます（X線CTは放射線被曝という問題がありますが……）。脳の断層画像は，脳出血や腫瘍のある場所などをくわしく調べることができ，臨床診断に大いに利用されています。当初は，どちらも静止した構造だけしか見られませんでした。同様の断層撮

影としては放射性物質を人体に注入してそれが出す陽電子を使った断層画像（PET）で脳の血流などの活動を調べる方法が1970年代に開発されていましたが，使用する放射性物質の作成や被曝の問題があり，一般的ではありませんでした。

90年台初頭，小川誠二らによって，血液中のヘモグロビンと酸素の結合の差をMRIで検出する方法が開発され，血液の流れの変化で脳活動を見る機能的磁気共鳴画像法（fMRI）が実用化されました。現在の技術では，空間の解像度はミリメートルレベル，時間の分解能は10分の1秒程度までの細かさを見られるようになっていて，身体や心のいろいろな活動で，脳のどこが働いているかがはっきりわかるようになってきています。それでも脳の体積1立方ミリメートルには10万個もの神経細胞が含まれているのですから，マクロスケールの理解だといっていいでしょう。

脳のこのような活動を示す断層画像には，いわばこれまでに紹介してきた「表象」が目に見える形で顔をのぞかせています。最近の脳科学の本を見ると，fMRIによる脳の断層画像がでていないことはありません。「こういう事に関する実験をしたときに脳のこの部分とあの部分の血流が上昇したので，こことあそこが関係しあって，こういうことを処理する脳の活動がなされている」ということが，わかるわけですが，それだけで何かがすっきりと解明されたことにはなかなかなりません。脳の中ではいろいろな機能によって，それを分担している脳の場所がちがう「機能局在」という状態にあるとされていますが，それを確かめた先にもそれぞれの機能のからみ合いなどまだまだ問題が立ちはだかっているといっていいでしょう。

脳の活動を見るには，その他，脳の神経システムが発生する電気的な活動を見る脳波，その電気的な活動を磁場で見る脳磁図（MEG），体内を比較的通りやすい赤外線を使って血流の様子を見る近赤外線分光計測（NIRS）などがあり，それぞれの特徴を活かして，こころの観測に使われています。

4章　動物らしさ vs. ヒトらしさ

■4章の読書案内

・川合伸幸『心の輪郭――比較認知科学から見た知性の進化』(北大路書房，2006年)

　ザリガニからチンパンジーまで，多様な知性について調べることでヒトのそれを浮かび上がらせています。

・川合伸幸『ヒトの本性――なぜ殺し，なぜ助け合うのか』(講談社現代新書，2015年)

　ヒトと動物のこころがどのように進化したかを，神経科学，霊長類学，動物行動学，比較認知科学など多面的に考察しています。

・松沢哲郎『チンパンジーの心』(岩波現代文庫，2000年)

　有名な京都大霊長類研究所のチンパンジー，アイとの研究のあゆみを詳述しています。

・藤田和生編『動物たちは何を考えている？――動物心理学の挑戦』(技術評論社，2015年)

　この100年間で培われてきた，動物心理学の最新知見に基づき，動物たちの認識する世界や思考，感情までわかりやすく解説しています。

・開一夫・長谷川寿一編『ソーシャルブレインズ――自己と他者を認知する脳』(東京大学出版会，2009年)

　自己と他者という新しい切り口から情報量も豊かに脳科学・認知科学を考えています。

・安西祐一郎ほか編『岩波講座　コミュニケーションの認知科学1　言語と身体性』(岩波書店，2014年)

　少し高度だけれど，ヒトの推論や発達についての最新の状況が読めます。

間奏曲　認知科学対話

ちょっと一休みにして、認知科学者同士のおしゃべりを聴いてみましょう。認知科学の裏話が次々と……。

I

根っこから外れる節操のなさ

○　認知っていうものをどのレベルでとらえるかは面白い問題です。神経細胞のレベルから始まって、個人の中でどんな情報処理がおこなわれているかというレベルを超えて、社会全体と個々のヒトがかかわりあいながらどういう認知的な行動を取るのか、という視点もあるのですね。それはもともと、経済学とか社会学の伝統かもしれません。さらに、個人同士は twitter や facebook というソーシャル・ネットワーク・システム（SNS）で、つながっています。ネットワークの中でのヒトとヒトの関係にかかわる多量のデータを分析する方法も進んでいますので、こういうシステムの中で個人個人がどういう認知行動をしているかを調べれば、従来の社会学や経済学に認知科学的なアプローチが適用できて新しい視点ができるんじゃないかなあ。

●　経済学などの学問は、根っこに規範となるモデルを立てます。たとえば一般均衡理論（完全競争市場を想定する経済理論）とか合理的経済主体モデル（ヒトは利益を合理的に考えて経済行動するというモデル）とかです。しかし、それらは現実に合わないことが多い。市場は予想や理想からはしょっちゅう外れるし、個人もお金を使うときに損得をきちんと考えて合理的に振る舞うばかりではないのです。規範モデルが現実のヒトの行動からずれているのをいかに修正するかが、伝統の

社会学や経済学が力を注いできたことだと思います。一方，認知科学では基本的に，現実は規範モデルとは違う，という立場をとります。
○ 認知科学には規範モデル，つまり第一原理は必要ないのかな？
● いや，ずれを考えるには根っことなるモデルが必要。現実のぼくらは，まったく秩序のない存在と合理的な存在の中間にいるわけで，どこにいるかを考えるときに，依って立つものがなければね。それは，経済学とか社会学とか情報科学が与えてくれる。
○ 認知科学の固有のルール，発想法があって，それを適応すると伝統的な研究ができなかったことができるというふうになるとかっこいい。
● 規範へのとらわれ方が少なくて，有用そうな考え方があれば他分野からでも持ってくるようにすればできますよ。
○ つまり，認知科学は節操がない（笑）。
● それは，本質ですね。
○ もともと，認知科学って情報科学，心理学，言語学，哲学，神経科学などの研究者が境界を超えてきてできてきたんですね。根無し草だから守るものがない。それが認知科学らしさかな。

【認知科学のルーツを考えると，既存の学問の境界を超えて協力するのが必要です。その自由な発想が大切なのですね。】

役に立つか
● 認知科学は役に立つのか？　学問的な双子のかたわれである人工知能を見てみると，ヒトのこころに相当するものをほんとうに構成できて役立つかというと，現実とはかなりギャップがある。将棋ソフトでも意思決定ソフトでもいいのですが，ある限られたことでヒトよりよい成績を収めるという話は，たくさんある。それは一部はヒトのやりかたを取り入れていても，計算機でやるメリット，間違えないとか計算が速いとか膨大な知識を扱えるというようなものを活かしているのですね。同じように，認知科学も全面的に社会に貢献というよりは，部分的にあちこちで貢献，という感じですね。

○ ヒトのこころはなんだかよくわからないけれど，その仕組みの謎を調べてみよう，それをなぞるようなシステムをつくってみよう，その結果，実際のパフォーマンスとしてうまくいくこともあるし，いかないこともある。それが人間の行動と近いこともあるし，そうでないこと……それが実情でしょうか。

【認知科学は世界のあり方をいっぺんに変えてしまおうというような分野ではないのかもしれませんが，ヒトがヒトを理解するという難問に少しずつ答え続けています。】

人とモノの間で

○ 認知科学ってまだまだ役に立つ。ヒトの認知的特性を利用してヒトとモノとの間をスムーズにつなごうというユーザー・インターフェース（UI）の研究なんかにはぴったりです。ヒトのこころの理解に基づいたUI設計でうまくいっているのはドナルド・ノーマン[1]の仕事かな。知覚されたアフォーダンスという認知科学的理論を使っている。たとえば，ヒトは取っ手も引っかかりもないドアを見れば，押せば開くはずとすぐ理解するという例です。

● でも，ノーマンの話は彼以外の他の研究者・開発者にも同じことができる指針となる体系化した理論ではないと思います。

○ たしかに，ノーマンが設定しているヒトは，認知科学で重要だと思う「こころの中でのダイナミックな情報処理」は使えていません。

● あ，こうやればいいんだ，という「気づき」のレベルだけですからね。このような問題で理論的に役立つモデルを立てるのは大変なんです。反応時間とか正答率とかの指標でヒトのモデルを作って，ヒトがなにを考えているのか推定しようという試みはたいていだめでした。でも，ここ10年ほど，ことばではない声の抑揚とか発話の量とかジェ

---

[1] 米国の認知科学者。著書『誰のためのデザイン』（岡本明ほか訳，新曜社，増補・改訂版＝2015年）は有名。知覚されたアフォーダンスについては3章（p. 99）を参照してください。

スチャーとかの非言語情報をたくさん集めうまく組み合わせることでヒトのこころの状態を推定しようという試みがマサチューセッツ工科大学のアレックス・ペントランドらによって進められています。ビッグデータの手法の応用ですね。彼の「正直シグナル」[2] は面白いですね。

【認知科学は技術とヒトの関係をスムースにするのに役立ってきたし，逆に技術の発達は認知科学研究でヒトのこころを解明するのに役立っています。双方向の影響がいい関係です。】

II

がんばれ東ロボくん！

○　人工知能が生むかもしれないという「危機」の話がありますね。人工知能の知的能力がヒトの知的能力を超えてしまうと，科学や技術の進歩のしかたが様相を変えてしまう。そういう状況──特異点，シンギュラリティとあだ名されています──がいつか来るし，近づいているのではないかという危惧をいう人もいる。

●　ヒトを超えるってどういうことなのか，具体的にはよくわからない。そういうことを考えるには，「ロボットは東大に入れるか」，通称東ロボくんという国立情報学研究所のプロジェクトが興味深い。東大入試を突破できるコンピュータ・プログラムを開発しながら，ヒトの思考するプロセスを研究しようというプロジェクトです。国語や歴史の記述問題は厳しいかもしれないけれど，数学や物理はできそうな気がします。

○　数学はけっこうできるようになりつつあるとか。物理は図の理解が

---

[2] アレックス・ペントランド『正直シグナル──非言語コミュニケーションの科学』（柴田裕之訳，みすず書房，2013年）

難しい。キカイの想像力のなさは致命的，といいますね。
● 　社会については，正しい文章を選べ，という問題では，教科書の意味内容が正しいとして，出題された文章がそれに合っているかどうかの判断をやらせています。東大入試の歴史だとけっこうストーリーを作らなくちゃいけない。これは大変だろうなあ。根本的には，国語なんか難しいだろうなあ。それよりもヒトと会話できるロボット作りの方が難しいと思うけれど。

【人工知能とのつきあい方は，いまから考えておいたほうがよさそうです。そのためにもヒトの可能性を執拗に考える認知科学の視点は大事です。】

会話プログラムと川柳

○ 　もし機械がある種の能力においてヒトを凌駕するようになるのなら，そこで機械と競ってもしょうがない。ヒトはどこでがんばればいいのでしょうね。
● 　体験からいえば，機械に負けようがどうしようが，とにかく自分の能力を上げていこうというのが当然の姿だと思います。自分がより活躍できるニッチを探していけばいい。
○ 　ELIZA（イライザ）というコンピュータ会話プログラムがありました。1966年に作られた古いものです。相手の会話からキーワードを抜き出して，プログラムに内蔵された文に入れて出力するという簡単な仕組みです。ヒトがその気になっているときに，引っ張るような会話をしてくれます。今の会話するロボットというのも，実はそれに毛が生えた程度で，ヒトを説得するとかそういうようなことはとてもできない。
● 　ヒトは状況に適応しようとするから，相手への信頼がある限りなんとか会話を理解しようとします。それが失われた瞬間，もうついていけない。だから，信頼をキープする会話にどうしたらできるのか？がポイントかな。

○ コンピュータでふつうのことばを翻訳するなどの自然言語処理は辞書が充実してきて良くなってきているんですが，相手の意図を推定して，というようなことはできていない。コンピュータに川柳がつくれないのと同じかな。
● ヒトを笑わせるとかとても難しいんです。
○ コンピュータに俳句を作らせるのはけっこう簡単で，季語をいれて五七五にすれば俳句っぽく見える。ところが，川柳は社会的背景も入れて，ロジカルに見たオチを作らないといけないからこれは大変だ。俳句はELIZAに近いかな，行間っていうかことばの間を，勝手にヒトが読み取ってくれる。
● 認知科学と人工知能で川柳に迫らないといけないなあ。

【どういう学問分野でもチャレンジ＝挑戦＝というのは大事です。簡単には解けそうもない問題を提示して，それに向かってそれぞれの研究者がなんとかしようとする。会話は，認知科学の1つの大問題です。】

文脈と忘却

○ ヒトの会話には，かならず文脈がありますね。
● 会話の中で突然，文脈が変わって「さっきの話ね」と言ったときに，会話プログラムはついていけないだろうなあ。どの話かわからなくなるでしょう。ヒトでも会話中に文脈をつかむのをミスすることあるけれど，そこは，助け舟出したりしてお互いに補い合うわけですよね。さらに，文脈が違うほうが面白かったら，そのままいってみるのもあり，です。
○ 会話を進めるためには，過去の文脈を覚えているかどうか，はけっこう大きなことです。クイズ大会で優勝したIBMの人工知能システム「ワトソン」のときは，文脈は解答には関係なくて，ひとつひとつのクイズ問題に対し，データベースを調べて答えればいいだけでした。会話のように，こころが他とインタラクションすることは，クイズに

答えることよりさらに高度なこと、という感じですね。
● コンピュータは忘れないけれど、ヒトの場合、適度に忘れるというのもけっこう重要。それはインタラクション・コミュニケーションをスムーズにする可能性大です。変なこといったのをずっと覚えていて口に出したら、けんかになりますよ。

【ヒトの認知には、個々でいろいろなストーリーがあるのでしょうね。その広がりを活かしているのが大事なところです。】

III

どんな状況にも対応できるヒトのこころ
○ ロボット掃除機はエネルギーが十分あればあちこち掃除して回って、切れそうになると自分でホームに戻って充電する。一貫した目的を持って行動するのは知性を持っているみたいに見えます。
● そういう特定の仕事は機械でもできるんですね。これがごく一般的にできるかどうか、がヒトとの分かれ目でしょう。腹が減ったら、食べるものを調達しなければいけないのだけれど、それは環境がどういう状況であってもやろうとする。その状況判断の妙がぼくらヒトの面白いところです。
○ そのあたりを定量的客観的に評価して認知科学に取り入れたいところですね。そうでないと学問にならないんです。
● 面白いアネクドート（逸話）はいくらでもあるんですけれどね。
○ 文脈耐性っていうか、どんな文脈にでも対応して会話を続けられるヒトの能力ってどこから来るのか。知りたいなあ。
● すべての状況にきちんと対応しているモデルをヒトが持っているとは思えませんね。そんな無限の世界に対応できるわけはない。どんな状況でもいい加減に対処できるという仕組みがあるはず。といっても、ぼくがアフリカの砂漠に行かされたら対応できないけどなあ、なに食

えるのかもわからないし……。

【かつてアフリカに生まれたヒトがいまや世界のほとんどすべてのところに住んでいるのは、ヒト独特の素晴らしい適応能力があるからでしょう。これも認知科学が挑んでいる大きな問題です。】

ボトムからもトップからも考えるヒト

○　コンピュータの学習能力を格段にあげたディープラーニング[3]で、ヒトができるような文脈対応を機械ができるようになるだろうか。

●　学習は大事ですが、ディープラーニングでもそこまでは厳しいだろうなあ。

○　今までのニューラルネットは多層にしても能力はあまり変わらなかった。ディープラーニングという作り方で多層でより高い能力を示す設計が可能になったという話ですね。人工知能がヒトの能力を超えた世界についての議論の震源地です。音声認識とか画像認識の範囲であれば、機械に任せられるレベルになったということだと見ています。

●　工学的に進歩だとは思います。人工知能が意味を見出すとか意図を読むとかの能力まで身につけるのは難しいでしょう。これはチンパンジーでも難しいですね。たとえば、印象派ルノワールの女性の絵を見て、近くではぐしゃぐしゃで女性にはとても見えなくても、ヒトは「どういうモチーフでどういう女性を描いた」という絵の意味を読み取ります。ところがサルが画像（ルノワールじゃないですけれど）を見る視線を観察すると、明度の差があるところという派手な目立つ刺激のあるところを見る視点であって、モチーフを読み取るというような視線の配り方ではないんです。

○　部分を細かに読むというボトムアップなやり方なんだ。

●　ぼくらヒトはボトムアップしつつ、全体のあり方や意味を探るトップダウン的な視線も使っていますね。意味を見出し、意図を読もうとする能力がそうさせる。そういうことってディープラーニングで機械

---

[3] p. 77 Column を参照

にできるようになるのかしら。そこが大きな壁ですね。そこの仕組みがわかって壁が破れれば認知科学は1つの成功をしたことになると思う。

【モノを見る，ということだけでもいろいろなことを考えられるのが認知科学です。ヒトの力を作るという方向の研究と比べて，さらに新しい視点を見つけていますね。】

情動を超えて

● ヒトは理屈よりも感情，あるいは情動で動きがちですよね。たとえば，外貨を1ユーロ135円くらいだったときに買った，今130円くらいになって損している。どこかで損切りしなくちゃいけないんだけど，素人は売れないんですね。1円でも損するのが嫌で……。しかし，さらに下がって損はもっと大きくなってしまう。これは，損失を回避しようという情動のために起こったことですね。かなり経験のあるプロのディーラーは理屈がわかっているから，ちょっと下がったらすぐ売る。

○ 生活習慣をコントロールするために認知科学を応用するという話もありますね。あれは重要だと思うな。ほかにも例があるかしら。

● たとえば，ダン・アリエリーという認知心理学者がやった締め切りの効果という研究がありますね。大学院生に英語論文の校正のような手間のかかる仕事をたくさん頼むんです。とにかく3週間後までにやってくれといいますが，どういうふうに仕事を進めるかはその人の自由。ちゃんと仕上げるのは，締め切りをいくつか設定して順々にやる人で，締切間際になってからすべての仕事をまとめてしようという人はうまくいかないことが多い。締め切りの設定の仕方一つで，情動に流されず自分を律することができるようになるというのが教訓[4]。

---

[4] くわしくはダン・アリエリー『予想どおりに不合理——行動経済学が明かす「あなたがそれを選ぶわけ」』（熊谷淳子訳，ハヤカワ・ノンフィクション文庫，2013年）を見てください。

ほかにも，職場で共用しているコーヒーメーカーのコーヒー代を払わない人の対策として大きな「眼」の写真を貼っておくと「誰かに見られている」って気がしてお金を払うようになるということも報告されています。人と人の感情関係で悩んで，臨床心理学を学びたいっていう人は少なくないけれど，ものごとは知能抜きでは語れない。認知科学を使うと日常生活が豊かでスムーズになるんじゃないかなあ。

【理屈でない情動，感情に関してヒトの特性を考えるのは，認知科学の得意とするところ。行動経済学という分野でも認知科学の成果の影響を見ることがしばしばあります。】

生き残る仕事はなにか見極めるために

○ オックスフォード大学の研究者が人工知能の普及でこれから滅ぶ職業・生き残る職業は何か，という論文を出しましたね（文献［7］）。電話販売をする人やコンピュータを使ったデータ収集・加工・分析に携わる人は真っ先になくなりそう。一方，残る方の筆頭は療法士，現場監督責任者，ソーシャルワーカーなど人と人の間を取り持つ仕事です。会計士や弁護士という仕事もごく優秀なのを除けば，計算ソフトと判例データベースで置き換えられてしまうかもしれない。

● コンサルティングができるような優秀な会計士や弁護士は生き残る。

○ そう。目新しい料理のレシピを作るなんていうシェフの仕事も人工知能でできてしまうというニュースもありました。食べて美味しいかどうかは実際作ってみないとわからないんだけれど……。

● いろんな組み合わせを思いつくという点で考えると，仮説を作る能力は大きなデータベースを持つ人工知能のほうが巧みでしょう。しかし，それがよい仮説かどうか絞り込む能力が人工知能にあるかなあ。

○ 百科事典的知識に加えて人間的な常識も備えた機械ができたとして，人間を超える仮説構築能力が持てるかなあ。仮説を作ろうと思ったら数限りなくできてしまうわけで，それ全部の価値を調べるわけにはいかない。仮説を評価して捨てるという能力以外に，そもそもつまらな

い仮説は思いつかないという能力がいるでしょう。
● すごい人というのはそこでいい仮説を思いついてしまうのですね。
○ それは生き残る職業の人の能力なんでしょうねえ。そういう人のこころの働きを調べるのが認知科学です。そう，機械ができそうなところを見極めて，それじゃできないことはなにか，ということがわかるためには，知能を中核としてヒトのこころの仕組みがわかることが必須でしょう。それはまさに認知科学の役割です！

【ヒトにできることと機械にできることは，同じではないでしょう。科学技術の発達のむこうにはなにがあるのか，その理解を助けることも認知科学の役割なのですね。】

おしゃべりはいかがでしたか。いつもこういう議論で熱くなっているのが認知科学者です。

5章 認知科学のここまで、そしてこれから

ミトメ先生 認知科学について、いろいろな切り口から面白さを紹介してきた。どうだったかな?

マナブさん すごく抽象的なところもある一方で、とても具体的で自分に引きつけて理解可能なところもあった。とにかく多様だなあと思った。

ミトメ先生 そのとおり。他の学問分野に比べると多様なところが認知科学の大きな魅力だと思う。そんな認知科学の最新の状況と未来への方向を紹介しよう。

認知科学は何をやってきたのか

1979年の第1回認知科学会議で、アメリカの認知科学者ドナルド・ノーマンは、「認知科学のための12の主題」と題して、生まれて間もない認知科学という学問分野がこれから扱うべきテーマを12あげた論文を発表しました。いわば、認知科学の「問題集」です。まずこれを紹介しましょう。

どれもヒトのこころが持つ基本的な機能です。今、これらの問題がどのように答えられているかという現状を見ると、ある程度答えが出かけているもの、今もチャレンジが続いているもの、まったく解決へ向けてのいとぐちが見えていない問題もあります。心理学などの教科書を見ても、これらの認知科学の基礎を取り扱うテーマが重要だということがよくわかると思います。

認知科学のための12の主題

・あるヒトにとって世界の価値，意味とはなにか。	➡	信念システム（belief systems）
・誰もが経験しているこころの状態の本質はなにか。	➡	意識（consciousness）
・子どもから大人になるとはどういうことか。途方もない変化だ。	➡	発達（development）
・感情の役割とはなにか。そこにおける脳の役割も大きい。	➡	感情（emotion）
・ヒトは孤立存在ではなく，他のヒトやモノとつきあって生きる。	➡	相互作用（interaction）
・ヒトの認知活動の中で最大，最重要の働きだといえそう。	➡	言語（language）
・知識を獲得し，ヒトが変容するための重要な過程だ。	➡	学習（learning）
・ヒトの情報処理として最も基本となる機能だが，奥深いものがある。	➡	記憶（memory）
・外界の情報入力だけではすまず，その後の脳内処理が重要だ。	➡	知覚（perception）
・ヒトが外界と相互作用するために必要な制御。	➡	行為実行（performance）
・熟練者はおもいもかけない能力を見せる。知識と行為実行の総合力だ。	➡	技能（skill）
・ヒトはどのように思考を進めるか，それは一筋縄ではないようだ。	➡	思考（thought）

（ドナルド・ノーマン編『認知科学の展望』佐伯胖監訳，産業図書，1984年，を元に改変）

　これらは認知科学の基礎を固めるための問題ですが，これらとともに，実世界から出てきた問題で「認知科学の応用問題」として取り組まれているテーマも数多く，バラエティに富んでいます。例として，日本認知科学会の学会誌『認知科学』（年4回刊）が，2001年以後に取り上げてきた特集のテーマを抜き出してみました。

21世紀に入ってからの『認知科学』誌の特集テーマ

・文学と認知・コンピュータ
・言語コミュニケーションの科学に向けて
・学習環境のデザイン実験
・家の中の認知科学
・動物の認知
・安全の認知科学
・文理解の認知メカニズム
・社会は認知科学に何を求めるか
・修辞の認知科学
・空間の知覚と認知のモデル
・対称性:思考・言語・コミュニケーションの基盤を求めて
・学校教育と認知科学
・社会性認知のメカニズム
・多感覚コミュニケーション
・批判的思考
・ヒューマン・ロボット・ラーニング
・芸術の認知科学
・意識的・無意識的処理
・Everyday Things(日常にありふれたもの)の認知科学
・フィールドに出た認知科学

 いろいろなテーマについて「認知科学」を深めているのですね。認知科学はふところが深いと実感します。別の言葉でいうと,なんでもやっていて節操がないのかもしれないけれど……。

 もともと,生まれたときから認知科学とはそういうものでした。1章の内容を思い出してください。認知科学は,心理学,情報科学,言語学,神経科学,哲学などの分野の研究者がヒトのこころの仕組みの研究に情報処理の方法論を取り入れて生まれた科学でした。多分野の研究者がそれぞれの方法論を持って協同するという「学際性」こそ,認知科学の本質なのですね。

 こうした学問の誕生は実は予測されていたことでもあります。日本にまだ認知科学が根付いていなかった1969年,ロンドンで開かれた

国際心理学会で、日本の認知科学の草分けであった戸田正直がこの会の目玉の1つであったシンポジウム「心理学の将来」のトリの演者をつとめました。その講演で、戸田はこのようなことを話しました。「人間世界の未来は科学・技術進歩の加速を続けて制御不能の危機に落ち込みかねない、それを回避するために人間社会科学を科学技術に対抗できる厳密な科学として発展させることが不可欠」、「それは、御大層な一般理論ではなく、他分野のいろいろな理論と組み合わせることができ、もし合わなければ直しをいくらでも許す柔軟性持ち合わせる部品的なものの集合であろう」。さらにこう付け加えました。「それはいつまでも未完成で寄せ集めですっきりしていなくてよい、働きがありさえすれば」。これは「認知科学」のありかたそのものですね。

1995年から2012年の日本の認知科学

認知科学ではその「学際的」研究の発展に従って、各分野の研究者が自由に出たり入ったりします。ここ18年の期間、日本の認知科学の研究でどんな傾向があるのでしょうか。この本の著者の1人である認知科学者の植田一博（東京大学）が後藤紘一郎氏（同）と協力して日本認知学会の学会誌に掲載された研究の傾向をまとめました(pp.144–146の図)。円を結ぶ線はテーマ同士の関係とその深さ、円の大きさはそのテーマの活発さを示しています。欧米での研究では少し違う傾向でしょうが、研究の現状のおおよそのことはわかります。

1995〜2000年の認知科学研究テーマ　子どもからおとなへどのように認知の発達段階を経ていくかという「発達」、神経と脳の活動が視覚や聴覚などの感覚機能にどう関係しているか調べている「神経」「脳科学」が目立っています。さらに、ヒトとヒトのコミュニケーションなどを探る「相互作用」、ヒトのこころを成立させるのに必要な条件を探る「制約」、コンピュータを使ってこころの構造を調べよ

うという「シミュレーション」、持っている情報からいかにいろいろな結論を導くのかを考える「推論」というテーマに興味が集まっていることがわかります。

2001〜2006年の認知科学研究テーマ　つぎの6年間で、認知科学が扱う問題が各領域で広がりました。「神経」や「制約」、「推論」などの基本テーマは依然取り組まれていますが、さらに現状と目標の間を結ぶ方法を見つけようという「問題解決」、それを機械にやらせることを目指す「人工知能」、子どもがことばをどうやって身に着けていくかをこころの問題として捉える「言語獲得」、そしてヒトの身体の動きをこころや感覚と結びつけて考える「運動」と多様な具体的な問題に取り組んでいることがわかります。

2007〜2012年の認知科学研究テーマ　次の6年間では、「自己」と「他者」というテーマが注目されているのが目立ちます。1人のヒトのこころだけでなく、他者とのコミュニケーションなどで生まれる認知の特徴が注目され、複雑な社会と繋がる研究が始まったと考えていいでしょう。その文脈の中での「発達」、「神経」、「相互作用」が研究テーマとなっていると見られます。「人工知能」や「コンピュータ」といった研究は周辺付近にあってやや目立ちませんが、こちらは人工知能学会などへ軸足を移したと思われます。

　ヒトのこころについて知ることはとても難しいのですね。その難しさは、数学の難問に取り組むような難しさとはひと味もふた味も異なり、問題をどう抱えて、どう扱ったらいいのか、という方針を決めることから一苦労も二苦労もしなければならないという難しさではないでしょうか。うまく問題を設定する苦労といったらいいかもしれません。さらに、まったく扱い方の違う分野で同じものを扱おうとする難しさもあります。

　逆にいえば、ヒトのこころがとても興味深いのはまさにそのところなのでしょう。具体的な問題を取り上げてそれをあの手この手、それ

143

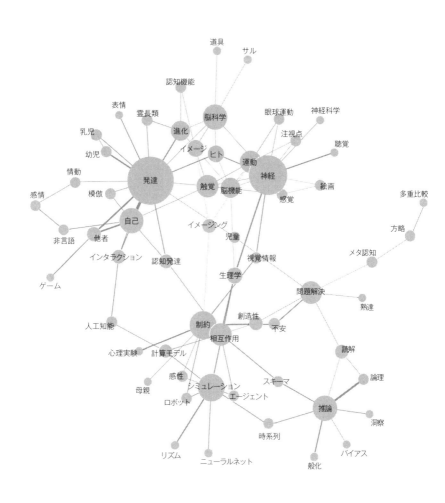

1995〜2000年の認知科学研究テーマ

5章 認知科学のここまで，そしてこれから

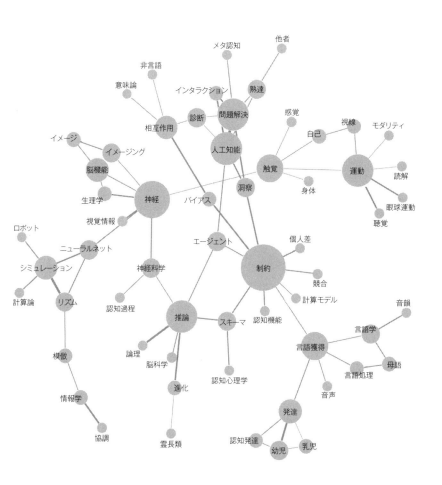

2001～2006年の認知科学研究テーマ

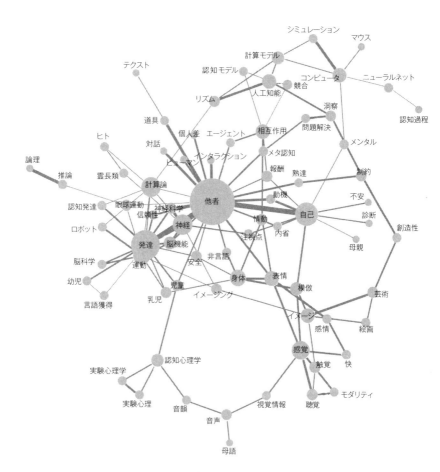

2007〜2012年の認知科学研究テーマ

がだめならこっちから,こんな風にと,思考のズームレンズを駆使して被写体に寄ったり離れたりしながら考えるのは,認知科学以外ではできないアプローチの仕方だと思います。

もちろん基礎的な興味も大きいのですが,興味のための興味にとどまっているばかりでなく,スムーズに応用的な考えにもいたることができます。それは,認知科学がヒトのこころを扱っているために,基礎の基礎までいきついたとしても,やはり具体的なヒトそのものへ帰っていかざるをえないためだと考えられます。

認知科学は社会とつながる

情報社会を認知科学すると

たとえばインターネットのようなIT=情報技術(あるいはICT=情報通信技術)とヒトはどうつきあったらよいのかという問題を認知科学的に考えてみます。

インターネットは,20年前ならば考えられなかった世界を実現させてきました。スマートフォン,あるいは公衆無線LAN(ローカルエリアネットワーク)などの情報インフラが普及するにつれて,ネットワークの上にある情報に「だれでもいつでもどこでも」接することができるようになっています。これをユビキタス情報社会といいます。ユビキタスubiquitousとは,ラテン語系のことばでいたるところに存在する,という意味です。そこでは,利便性が向上する一方で新しい不便さも次々と登場します。

ヒトの情報処理能力には限りがあるし,個人の能力もいろいろであるにもかかわらず,莫大な情報にヒトが否応なくさらされてしまうのがユビキタス情報社会です。だれでも触れることのできるITはすでに当たり前の存在で,個人に届く情報は過剰になっています。たとえば,手軽で便利,時を選ばない連絡手段である個人宛てのメールは,読みきれないほどの量が届いて処理が追いつかない/重要な連絡も多

量の中に埋もれて見逃してしまう，などの危険性があります。

　TwitterやFacebookなどのSNS（ソーシャル・ネットワーク・システム）は，距離と時間の隔たりを埋めて大勢のヒトとヒトとのリアルタイムなやりとりを可能にし，新しい関係を結ぶことを可能にするシステムですが，実は何十人，何百人という相手とやりとりをする能力は誰でもが持っているわけではありません。あっというまに個人では処理しきれない量の付き合いを抱え込む人もいますし，公開した記事へ不特定多数の人から多量のコメントが殺到し，コミュニケーションがパンクしてしまう「炎上状態」になることも珍しくありません。コメントの悪意も含めて，それはSNSに参加しているヒトを相当消耗させるできごとなのです。

　またSNSは，常に仲間に囲まれ心地よい会話に没入できる場所である反面，批判のことばなど知るべき情報を持つ人と出会うチャンスを自ら捨てているという可能性もあります。リアルの付き合いならば耳に入る可能性があっても，バーチャルでは会いたくない人とはまったく会わなくて済ませることも可能だからです。

　あるいは知りたい情報を探るときに便利なGoogleなどの検索エンジンも，上位に上がって来る記事は，だれでも知る手垢のついた陳腐なものばかりであることもあり，本当に意味のある記事は，検索リストの下位の底深くに沈んでいて掘り出すことができないのも珍しくありません（もちろん，検索のノウハウの問題もあります）。

　認知科学や人工知能にくわしい中島秀之（はこだて未来大学），この本の著者の1人である橋田浩一（東京大学）は松尾豊（東京大学）と，「ITと社会をつなぐ認知科学」として，いくつかの提案をしています（文献［8］）。

　まず，ここで認知科学者が重要と考えるWEBの問題は次のようなもの，と指摘しています。筆者のことばも少し加えて考えてみます。

・ヒトは，どのようなインタラクションを通じて，どのような相手と

判断の基準となる価値を共有するでしょうか。

・その価値の共有は,ヒトが情報を理解するということに対してどのように役立っているでしょうか(あるいは逆に歪めていることもありうるかもしれませんね)。

・システムのインターフェースの特性(たとえば,Twitter のリツイートや引用,Facebook の「いいね」や「シェア」の仕組み)によって,価値の共有がどのように影響されるのでしょうか。

たとえば,いつも共感している人の Facebook の書き込みで,その人の意見や勧める製品のことを読むと,あまりくわしく考えずに「いいね」ボタンを押してしまうことはないでしょうか。ヒトと WEB のインターフェースのあり方は行動に影響を与え,それを脇から見た人は「ああ,賛成しているんだ」と価値判断してしまうこともあるでしょう。

SNS でのいろいろなやりとりを広く見ていると,個人レベルでは使用者にあまり意味を意識されない「概念」が他者とのインタラクションを通じるうちに「増幅され」,社会的に共有された誰もが知る「意味」になるという例がしばしば見られます。2010 年から 12 年にかけて,チュニジア,エジプト,リビアなどで起きた反政府行動「アラブの春」で,情報が瞬時に Facebook や Twitter といった SNS で広がり,大規模な抗議行動に結びついたという例は象徴的です。

まさに「ことばは使われることによって意味を獲得する」という以前から言語学者や哲学者が指摘していた言語の役割を体現しているのですが,この現象は IT や SNS が普及する前には,文字化されることが少なくほとんど観察不可能だったのです。このような現象は言語の認知科学,あるいは社会的認知について研究している人が見れば,一般原理やこの現象のさらなる影響について深い考察ができるでしょう。

橋田浩一は,この情報社会のさらなる未来を指向して,「だれでもいつでもどこでも」という技術思想を認知科学的な発想で考えなお

し「ヒトが社会の中で受け取るべきいろいろなサービスの提供の仕方、その受け取り方などをどのように設計したらいいか」という課題に応用することを考えています。

たとえば、健康診断を受けたり、病気で医者にかかったりという医療サービスを受ける場合、受益者はいろいろな不満を持つことが多いのが現状です。たとえば、何時間も待たされて診療は3分だったとか、手続きが複雑であるとかの不満です。実は、医療サービスにかかわっている患者、医療者、保険負担者の三者は、それぞれ望んでいる価値の方向が別々な上にその間の情報共有もきちんとできていない現状だからこういうことが起こる、というのが橋田の見方です。そういう状況では、サービス活動の「意味」や「価値」をきちんとお互いに評価し合うことが難しいというのが実情で、誰もが満足していないというわけです。

そこで、橋田が構想するのは、「意味」や「価値」を考察するのが得意な認知科学的な分析を用いて細かく情報通信技術を応用してサービスを組み立てれば、もっとも効果的になるのではないか、というアイデアです。「工夫の例はあちこちにあるのだけれど、広がらないのは、原理的な軸がないから」といいます。その原理的軸を「サービス工学」あるいは「サービス科学」として認知科学の中に確立しようというのがこれからの課題です。

もう1つ、社会とつながる認知科学の研究例をあげてみましょう。科学的研究という行為がどのようにおこなわれているのかを明らかにする、という野心的なお話です。

科学という営みがどのようにおこなわれるか、特に研究者はどういう文脈で科学的発見をするのか、がわかれば、科学の発展に資する意味は大きいはずです。特に、複数の研究者が協同／協調して研究することは、単独の研究者の研究を超えて意味があるのかどうか？　これがこの本の著者の1人である植田一博（東京大学）の興味でした。言い換えれば、科学研究で1＋1は2を超えるのか？という疑問ですね。

そこで,植田は,ある企業で15年間の新しい洗剤の開発プロジェクトにかかわった人たちをインタビューし,協同／協調がどのように起こり,結果にどのように影響したかを調べました。すると,その開発過程では,現場からの未解決問題の提起（襟,袖口の汚れ,肌着の黄ばみがきれいにならない）→現象の解釈のやり直し（未知の汚れがあるはず）→新しい仮説提唱（汚れ分子が繊維に入り込む新しいメカニズム）→グループ内での異なる意見を対立させる討論（新しい汚れ除去法への異なる分野からのアプローチ）→新しい方法への概念変化（洗浄用酵素の新しい発見法）→原理の具体化と応用方法の探求（実際の洗剤への応用）……という流れができていたのです。知識／作業は分業するよりゆるやかに重複している方がよいこと,小規模な視点転換が複雑密接にからみあって大きな概念変化につながること,さまざまなタイプの協同が視点転換や仮説形成の原動力になったことなどが研究から明らかになりました。

たとえば,研究チームを2つ作り,1つは「汚れの分析と洗浄原理の確立」を,もう1つは「最適な洗浄用酵素の発見法」という別々のフェーズを担当させたのですが,その2つがいい酵素の発見に関して協同／協調活動をすると,それまではっきりしなかった方向性が決まったり意外な発想が生まれたりしたといいます。

「「三人寄れば文殊の知恵」はほんとうだった」と植田はいいます。協同／協調活動で単独研究で得られない新しいアイデアが生まれる可能性は実際の研究開発現場に十分にあるというわけです（文献［9］）。

2000年を越えて,それまで認知科学の中心であった個人のこころについての研究に加え,ここに紹介したようなヒトとヒトの間の相互作用,あるいは集団／社会の中での相互作用や協同／協調などでこころがどのように機能するかという研究も増加傾向にあります（文献［10］）。

これからの問題は

　人工知能の能力が向上し、チェスや将棋の対戦、クイズ回答などある局面ではヒトの知能を超えるようになりました。ニューラルネットの新しい学習方法「ディープラーニング」がカナダ・トロント大学の研究グループによって開発され、分野によっては何も教えなくてもヒトのように知識を学習する能力を人工知能が持てるようにもなってきています。人工知能の専門家たちは、これはありふれた人工知能の「量的な」前進というより、「質的な」進化と見ているようです。前にもお話したように、気の早い人たちからは、「人工知能がヒトの能力を超え科学技術発展の様相を変える時点＝シンギュラリティが想定されるようになった」というＳＦのような主張も聞かれるようになっています。

　しかし、人工知能の知性はかならずしもヒトの知性と同様のものではありません。たとえば将棋ではコンピュータは現局面から指せるすべての手を考えて最良手を打つ、一方、ヒトの棋士は全部の手などということは考えず、よさそうないくつかしか考えません。将棋の羽生善治名人は、コンピュータと試合をしない理由を「（コンピュータの差す手は）美しくないから」と答えたといいます。人が思いつく美しい差し手という感覚が崩れていく、というわけなのでしょう。一方で、機械は与えられた仕事がとにかくできればよくて知能は不要、そういう機械を使えばいいのだ、という工学的な考え方もあります。

　もし、機械の知能がヒトのそれを超えるということがあったとき、ヒトはその機械が考える意味と価値を理解できなくなるのではないか、というまるで映画『ターミネーター』のような危惧を表明する人もいます。つまり、その機械の知性に対する認知科学が成り立つのかどうか、というわけです。これに対して全面的に賛成する認知科学者は少ないようです。

しかし，すでに，ニューラルネットワークにおける「ものの考え方」を理解することは難しくなっているといってもいいのではないでしょうか。ニューラルネットワークで問題が解けたときの「表象」は各神経細胞同士がどのように結合しているかというミクロの状態であり，それを解析しても直感的なモデルのかたちで取り出すことは困難です。ニューラルネットによる人工知能の認知についても同様のことがいえます。機械の思考はヒトにはわからないようになってきているのかもしれません。

脳科学でも同様の事態が起こり始めているという声もあります。膨大な脳の活動データが取れれば，それを強力なコンピュータで解析し，脳の内部状態（つまり，何を考えているかの表象に近い）を識別することは原理的には可能になってきています。ブレイン・マシン・インターフェースの研究などはそれでしょう。しかし，その活動データをこれまでの認知科学の枠組みで解析することは，相当難しいと見られています。

認知科学の祖でノーベル経済学賞を受けたハーバート・サイモンはそういうことについては楽観的だったようです。どんな複雑なシステムでも，階層的なサブシステムにときほぐすことができ，それぞれをバラバラに扱ってもまあ大丈夫だろうと考えたのです。そのようなサブシステムがないと秩序などできるはずがない，というわけです。

しかし，ヒトの脳はもちろん，現在のネットワークシステム，あるいは政治，経済やメディアのシステムなど，大きなシステムでは思いもよらぬ現象が起こって「理解」が困難なことはしょっちゅうあります。SFの想像するシンギュラリティが起こった後など，今の認知科学の枠組みでは扱いが難しいこともいろいろ出てきそうな気もします。

これらの問題に巻き込まれている認知科学は，永遠に安定状態が続く固定化した学問にはなりそうもありません。結局，認知科学とはヒトに興味を持ったさまざまな方法論をもつさまざまな分野の研究者が，そのテーマに応じて出たり入ったりする分野なのではないでしょうか。

その融通無碍さが魅力であり力であるような気がしています。

ミトメ先生 認知科学という学問について,いろいろな視点から紹介してきた。ダイナミックな研究活動をしている分野なので,系統だって理解するのは難しかったかもしれないが,基本の考え方をしっかり身につければ,大丈夫だ。

マナブさん ヒトのこころがこんなに豊かで面白いものとは,いままで気が付かなかった。この話を聞いたおかげで,ものの見方がいろいろ変わってくるかもしれない。ヒトとしての自分のことが,別の視点からよくわかったような気もする。

ミトメ先生 なにかしら,こころの中に残ってくれれば話したかいがあるね。いろいろな謎を説いてきた認知科学だが,まだまだこれから発展し,新しい謎に向かっていくだろう。期待してほしい。

マナブさん これからもウォッチングしていくよ。がんばって明日を切り開いてほしい。

Column　認知科学を学ぶには

認知科学を学ぼうと思ったらどうすればいいでしょうか。

欧米では,すでに多くの大学に脳科学,認知科学を専門として学べる学科が設置されています。米国の認知科学会(Cognitive Science Society)のウェブサイトには,認知科学を学べる大学,大学院がリストされています(http://cognitivesciencesociety.org/study_overview.html)。

日本では脳科学や認知科学をまとまって学べる学科を設置している大学は数えるほどしかありません。むしろ,いろいろな大学の心理学,情報科学,医学,哲学などの専攻課程に,認知科学を専門とする研究者が分散しているのが日本の実情です。欧米でも,心理,哲学などの学科で教えている認知科学者も少なくないので,例外的

とはいえないまでも，日本での認知科学をまとめて学ぶ状況が十分とはいえないのは確かでしょう。

しかし，これも認知科学という分野が生まれた事情のためかもしれません。認知科学には，ヒトのこころを追求するという同じテーマを抱えて，多くの異なる方法論を持った分野から研究者が越境してきたという歴史があります。情報科学から認知科学に参加した中島秀之（はこだて未来大学）は「互いの方法論や知見を組み合わせたより強力な分野が誕生した」と認知科学を評価しています。逆に言えば，ある分野の強力な方法論を持つことこそ認知科学に参入できる条件なのかもしれません。それは，心理学でもいいし情報科学でもいいし脳神経科学でもいいのでしょう。なんの実験をすることのない哲学者だっていいのです。むしろ，ヒトへの強烈な興味と科学的な思考さえあれば，どこでも認知科学は学べるといってもいいのかもしれません。

日本の認知科学者が集まって1983年に設立した「日本認知科学会」（http://www.jcss.gr.jp）は，毎年1回の研究大会や冬のシンポジウム，学会誌『認知科学』の編集・出版など様々な活動をしています。特に『認知科学』では，最新研究の現状，テーマごとの話題など，この分野の「今」がわかる記事を数多く掲載していますので，認知科学を学ぼうとする人にはたいへん参考になります。学術雑誌のアーカイブであるJ-STAGE（https://www.jstage.jst.go.jp/browse/jcss/-char/ja/）で無料で読めます。

あとがき

　認知科学に興味のある若い人のために，とこのシリーズは企画されました。中でも，この『はじめての認知科学』は，認知科学について何も知らない高校生，大学初年級の学生がこの分野に接する最初の本になるように書かれました。

　本文にもあるように，認知科学という分野は，出自の異なるいくつもの学問分野がその境界を超えての協力があってできてきました。シリーズを企画した日本認知科学会出版委員会に所属する5人の認知科学者たちは，出身も興味もやってきたこともばらばらです。全体をまとめたわたし（内村）も，認知科学という分野に長く触れてはいますが，決してそれだけを専門とするというわけではりません。そういう人間たちが1つのことをまとめるのはけっこう大変でした。

　この本の作り方は，ちょっと変わっています。まず，出版委員5人と私が会合を開いて「どんなことをはじめての人にわかってほしいだろうか」ということを話し合いました。いくつかの基本的なテーマが出たところで，2015年はじめに出版委員2人ずつに私が加わった，対談シリーズを計6回開催しました。専門の違う同士で突っ込み合いながら激論する姿は，とても興味深いものでした。その対談を紙上に再現したのを眺めながら，認知科学で一番基本的なところ，みんなが大事だと思っているところ，面白いところなどを組み合わせて，この本の各章を作りました。1つの話題がいろいろな章に形を変えて登場するのは，そういう作り方をしたためなのです。

だから，この本では認知科学が今，扱っているすべての分野について総花的に書いてあるわけではありません。その代わり，認知科学の基本であるにもかかわらず初心者がわかりにくいところ，飲み込みにくいところを重点的に選び，読んでいるうちに「腑に落ちる」ようにわかる説明をするよう心がけました。この本に書いていない分野については，各章の末尾につけた読書案内を参考にしてください。

　ある分野を勉強するということ，あるいはある分野の知識と理解を自分のものにするためには，先生のいうことを鵜呑みにしていればいいわけではありません。少し背伸びをして，わからないこと，わかりにくいことに何回も食いついて，ガリガリとかじりとるような努力が不可欠です。わかりにくいところがあれば，さっさと飛ばして先を読んでもいいのです。ぐるぐると問題の周りをめぐっているうちに，らせん階段を上るように，高みに行けるのです。この本に文句をつけるくらい元気になることを期待します。

2015 年 10 月 19 日

著者全員に代わって　内村直之

文献一覧

さらに理解を深めたい読者のために,本書中で引用した文献および紹介した文献を以下にまとめました.

[1] Tolman, E. C. (1948). Cognitive maps in rats and men. *Psychological Review, 55*, 189-208.
[2] Miller, G. A. (1956). The magical number seven, plus or minus two: Some limits on our capacity for processing information. *Psychological Review, 63*, 81-97.
[3] Atkinson, R. C., & Shiffrin, R. M. (1968). Chapter: Human memory: A proposed system and its control processes. In Spence, K. W., & Spence, J. T. (Eds.), *The psychology of learning and motivation (Volume 2)*. New York: Academic Press. pp. 89-195.
[4] 浅田稔 (2013).「人工知能とは?(6)――認知発達ロボティクスによる知の設計」『人工知能学会誌』, *28 (6)*, 975-983.
[5] 赤松友成 (2007).「イルカのハイパーセンサ」『バイオメカニズム学会誌』, *31*, 134-137.
[6] Lyudmila, N. T. (1999). Early canid domestication: The farm-fox experiment, *American Scientist, 87*, 160-169.
[7] Carl, B. F., & Michael, A. O. (2013). The future of employment: How susceptible are jobs to computerization?. http://www.oxfordmartin.ox.ac.uk/downloads/academic/The_Future_of_Employment.pdf
[8] 中島秀之・橋田浩一・松尾豊 (2007).「IT と社会をつなぐ認知科学」『認知科学』, *1*, 31-38.
[9] 植田一博・丹羽清 (1996).「研究・開発現場における協調活動の分析――「三人よれば文殊の知恵」は本当か」『認知科学』, *4*, 102-118.
[10] 石井加代子 (2004).「心の科学としての認知科学」『科学技術動向』, *40*, 12-21.

索　引

◆　あ　行

浅田稔　105
アフォーダンス　98-102
　　知覚された——　99, 130
アブダクション　119-123　→推論
アラブの春　149
アリエリー, D.　136
安西祐一郎　46, 47
石井加代子　48
市川伸一　5, 12
一般問題解決プログラム（GPS）　39, 42, 43
今井むつみ　62, 63, 70, 71, 74-77, 81, 100, 101, 106, 116
ELIZA　132, 133
ウィーナー, N.　24, 27-29, 39
ウィノグラード, T.　45
ウェイソン, P.　3, 75
植田一博　142, 150, 151
運動前野　86, 87, 99
エビングハウス, H.　18, 19
fMRI　59, 60, 87, 93, 126
MRI　91, 125, 126
エルマン, J.　65
小川誠二　126

◆　か　行

カーネマン, D.　11, 12
カテゴリー　64, 72, 97, 100, 101, 103
カノニカル・ニューロン　99
カハール, S.　91
川合伸幸　114, 115, 127
ギーゲレンツァー, G.　9

記憶の二重貯蔵モデル　51, 52
記号接地問題　71, 96, 102, 106
ギブソン, J.　99
共感　88-90, 149
経済学　12, 128, 129, 137
計算主義（記号主義）　57, 58, 60, 61, 63, 77, 78, 97
ゲンギス　104
語彙爆発　64
行動主義心理学　15, 17, 18, 33
こころの情報処理モデル　23, 29, 49-52, 55, 56, 58, 79
心の理論　89, 90
誤差逆伝搬法　79
後藤紘一郎　142
ゴルジ, C.　91

◆　さ　行

サービス工学（科学）　150
サール, J.　96, 97
サイモン, H.　34-39, 42, 47
佐伯胖　44-47
サガード, P.　57, 81
サブサンプション・アーキテクチャ　104, 105
三囚人問題　8
CT　125
自然言語処理　32, 45, 133
嶋田総太郎　88
シミュレーション　35, 60, 79, 85, 94, 95, 105, 143
——仮説　87, 88
社会学　128, 129

159

シャノン, C.　23, 24, 28, 34
手段―目標分析　39, 41
シュワルツ, D.　94, 95
将棋　42, 80, 129, 152
条件反射　15, 104
情動　53-55, 81, 89, 90, 92, 136, 137
シンギュラリティ（特異点）　131, 152, 153
人工知能　21, 23, 25, 31, 32, 34, 42-46, 47, 80, 96, 97, 106, 129, 131-133, 135, 137, 143, 152, 153
心内辞書（メンタルレキシコン）　66, 72, 77, 81
推論
　演繹――　119-122
　帰納――　119, 120, 123
　推移的――　115-118
　対称性――　74, 75, 77, 115-119, 121-123　→対称性バイアス
『数学原論』　36
生成文法　64
川柳　132, 133
ソーシャル・ネットワーク・システム　128, 148, 149

◆　た　行
ダートマス会議　23, 34, 35
大脳皮質　53, 54, 92
短期記憶　19, 20, 114
チャンク　20
中国語の部屋　96, 97
チューリング, A.　23-26, 29-32
チューリング・テスト　23-25, 29-32
直感　2, 5, 11
チョムスキー, N.　35, 64-66
ディープラーニング　80, 135, 152
統計学習　→連合学習

東ロボくん　131
トールマン, E.　17, 18
戸田正直　45, 46, 142
戸田山和久　11, 15, 81
トマセロ, M.　65

◆　な　行
永井聖剛　84, 85
長尾真　46
中島秀之　148, 155
ニューウェル, A.　34-39, 42
ニューラルネット　58, 78-81, 135, 152, 153
認知革命　43-45, 47
認知地図　16-18
認知発達ロボティクス　105
ノイマン, J.　24, 26, 27, 29, 33
ノイマン型コンピュータ　78
脳機能局在論　92, 126
ノーマン, D.　44-46, 99, 130, 139

◆　は　行
パーセプチュアル・ナローイング　125
パーセプトロン　79
バイアス　8, 10, 11, 75, 76
　対称性――　115-118, 121　→対称性推論
パヴロフ, I.　15
橋田浩一　148-150
波多野誼余夫　46
ハノイの塔　39-42, 75
パパート, S.　79
ハルナッド, S.　96, 97
バロン＝コーエン, S.　90
万能マシン　24-26
ヒクソン・シンポジウム　33
ピッツ, W.　78

ヒューリスティック　42, 43, 73, 75, 76
ヒントン，J.　80
フィードバック　24, 27, 39
淵一博　45, 46
ブルックス，R.　98, 104, 105
分散表象　58, 79
文脈　101, 102, 123, 133-135
PET　60, 93, 126
ベリヤーエフ，D.　112
扁桃体　53-55
ペントランド，A.　131
ボブロウ，D.　44
ホワイトヘッド，A.　36

◆　ま　行

マカロック，W.　33, 78
マコーダック，P.　47
松尾豊　148
マッカーシー，J.　34
松沢哲郎　116, 127
魔法数　19, 20, 35
溝口文雄　45-47
3つの扉の問題　5
ミラー，G.　19, 20, 35
ミラーニューロン　85-90, 93, 99, 107
ミンスキー，M.　34, 79

◆　や・ら・わ　行

ユーザー・インターフェース　130
ユビキタス情報社会　147
4枚カード問題　2, 75
ラシュレー，K.　33
ラッセル，B.　36
リゾラッティ，G.　86, 107
ルドゥー，J.　53, 54
連合学習　67-69
ローゼンブラット，F.　79

ロジック・セオリスト（LT）　34, 36-39
ロチェスター，N.　34
ロボカップ　105
ロボット掃除機　98, 105, 134
論理　2, 4, 8, 26, 33-39, 42, 43, 60, 75-78,
　　115, 117-123　→推論
ワトソン，J.　16
ワトソン（人工知能）　133

著者・日本認知科学会出版委員会委員の紹介 (五十音順)

今井むつみ (いまい・むつみ)

慶應義塾大学環境情報学部教授

東京都出身。1989年慶應義塾大学大学院社会学研究科博士課程修了。94年米ノースウェスタン大学心理学部大学院博士課程 ph.D. 取得。93年慶應義塾大学環境情報学部に助手として赴任，専任講師，同助教授を経て 2006 年から現職。専門は認知科学，特に言語認知発達，言語心理学，問題解決過程。教育心理学，第二言語獲得と学習に興味を持ちます。主に語彙（レキシコン）と語意の心の中の表象と習得・学習のメカニズムを研究しています。 言語習得は母語と外国語の両方に興味があり，近年には，語彙習得のメカニズムを敷衍して，知識習得全般，特に科学概念の習得と発見の過程における推論の問題にも取り組んでいます。

植田一博 (うえだ・かずひろ)

東京大学大学院総合文化研究科教授

当初経済学部に入学しますが，その後理系に転じ，1988 年東京大学教養学部基礎科学科第二卒。93 年東京大学大学院総合文化研究科博士課程修了，博士（学術）取得。東京大学大学院総合文化研究科助手，助教授，准教授を経て 2010 年情報学環教授，15 年総合文化研究科教授。創造性研究，熟達化研究，日本伝統芸能の技の分析，意思決定研究，アニマシー知覚研究などに従事しています。高次認知を中心とした人間の認知活動の解明と，その工学的，社会的な応用を目指しています。現在の主要な研究領域は認知科学，行動経済学ですが，人間の認知行動がそれを取り巻く社会や人工物へ与える影響を議論するような研究（例えば，社会性認知に関する研究，人と人工物のインタ―ラクションに関する研究など）も研究対象に入っています。今後は特に，芸術がもつ意味や芸術家の創作プロセスを認知科学，認知脳科学の観点から解明したいと考えています。

川合伸幸 (かわい・のぶゆき)

名古屋大学大学院情報学研究科教授

1990 年関西学院大学文学部卒，95 年同大学大学院文学研究科博士課程単位修得退学，98 年博士（心理学）取得。99 年京都大学霊長類研究所講師，2001 年名古屋大学大学院人間情報学研究科助手，03 年情報科学研究所助手，准教授を経て，19 年から現職。ヒトや動物はどのように環境の情報を取り込み，知識を獲得し，適切な行動を遂行するのかということを調べています。行動科学や実験心理学の手法を用いて，成人や子ども，自閉症の方，ヒト以外の霊長類を対象に研究しています。そうすることで，ヒトにだけ特徴的なこころの働きや，他の動物にも共通する側面を調べ，ヒトの心の輪郭を浮き上がらせようとしています。

嶋田総太郎（しまだ・そうたろう）

明治大学理工学部教授

2001年慶應義塾大学大学院理工学研究科計算機科学専攻博士課程修了。博士(工学)取得。06年明治大学理工学部専任講師，同准教授を経て15年から現職。専門は認知科学，脳科学，脳機能イメージング，人工知能。特に社会性・身体性の脳メカニズム，メディア認知，ミラーシステム，自己身体認識，ブレインマシン・インタフェースを研究テーマとしています。

橋田浩一（はしだ・こういち）

東京大学大学院情報理工学系研究科 ソーシャルICT研究センター 教授

1981年東京大学理学部情報科学科卒，86年同大学院理学系研究科博士課程修了。理学博士。同年電子技術総合研究所入所。88年から92年まで（財）新世代コンピュータ技術開発機構に出向。2001年から産業技術総合研究所，サイバーアシスト研究センター長・情報技術研究部門長などを歴任，13年より現職。専門は自然言語処理，人工知能，認知科学。サービス科学・工学の一般化としてのソーシャルeサイエンスや知の社会的共創に興味を持ちます。

内村直之（うちむら・なおゆき）

科学ジャーナリスト

1952年東京都生まれ。81年東京大学大学院理学系研究科物理学専攻博士課程満期退学。物性理論（半導体二次元電子系の理論）専攻。同年，朝日新聞入社。同社福井，浦和支局を経て，東京・大阪科学部，西部本社社会部，『科学朝日』，『朝日パソコン』，『メディカル朝日』などで科学記者，編集者として勤務した後，2012年4月からフリーランスの科学ジャーナリスト。 基礎科学全般，特に進化生物学，人類進化，分子生物学，素粒子物理，物性物理，数学，認知科学などの最先端と研究発展の歴史に興味を持ちます。著書に『われら以外の人類』（朝日選書，2005年）『古都がはぐくむ現代数学』（日本評論社，2013年）など。新聞記事，雑誌記事など多数。12年から17年まで慶応義塾大学で「ライティング技法ワークショップ」，13年から2022年まで法政大学情報科学部で「社会と科学」などの講義を担当。北海道大学CoSTEPでも2014年から2020年まで客員教授としてライティングなどを指導，21年から同フェロー。

『認知科学のススメ』シリーズ　1
はじめての認知科学

初版第 1 刷発行	2016 年 2 月 26 日
初版第 5 刷発行	2024 年 1 月 26 日

監　修　日本認知科学会

著　者　内村直之・植田一博・今井むつみ

　　　　川合伸幸・嶋田総太郎・橋田浩一

発行者　塩浦　暲

発行所　株式会社　新曜社
　　　　101-0051　東京都千代田区神田神保町 3-9
　　　　電話（03）3264-4973（代）・FAX（03）3239-2958
　　　　e-mail：info@shin-yo-sha.co.jp
　　　　ＵＲＬ：http://www.shin-yo-sha.co.jp/

印　刷　星野精版印刷

製　本　積信堂

Ⓒ UCHIMURA Naoyuki, UEDA Kazuhiro,
IMAI Mutsumi, KAWAI Nobuyuki, SHIMADA Sotaro,
HASHIDA Koichi, 2016 Printed in Japan
ISBN978-4-7885-1458-4　C1011

新曜社の本

誰のためのデザイン? 増補・改訂版
認知科学者のデザイン原論
D・A・ノーマン 著
岡本明・安村通晃・伊賀聡一郎・野島久雄 訳
四六判520頁・本体3300円

脳の発達科学
発達科学ハンドブック 8
日本発達心理学会 編
榊原洋一・米田英嗣 責任編集
A5判344頁・本体3800円

支配的動物
ヒトの進化と環境
P・エーリック & A・エーリック 著
鈴木光太郎 訳
A5判416頁・本体4200円

ディープラーニング、ビッグデータ、機械学習
あるいはその心理学
浅川伸一 著
A5判184頁・本体2400円

■社会脳シリーズ　苧阪直行 編　四六判

1 社会脳科学の展望
　脳から社会をみる
　272頁・2800円

2 道徳の神経哲学
　神経倫理からみた社会意識の形成
　274頁・2800円

3 注意をコントロールする脳
　神経注意学からみた情報の選択と統合
　306頁・3200円

4 美しさと共感を生む脳
　神経美学からみた芸術
　198頁・2200円

5 報酬を期待する脳
　ニューロエコノミクスの新展開
　200頁・2200円

6 自己を知る脳・他者を理解する脳
　神経認知心理学からみた心の理論の新展開
　336頁・3600円

7 小説を愉しむ脳
　神経文学という新たな領域
　236頁・2600円

8 成長し衰退する脳
　神経発達学と神経加齢学
　408頁・4500円

9 ロボットと共生する社会脳
　神経社会ロボット学
　424頁・4600円

＊表示価格は消費税を含みません。